175 JAHRE ZEISS

Eine Geschichte in Bildern

SUTTON

ZEISS Archiv (Hrsg.)
Wolfgang Wimmer

175 JAHRE ZEISS

Eine Geschichte in Bildern

SUTTON

Impressum

Sutton Verlag GmbH
Arnstädter Straße 8
99096 Erfurt
www.suttonverlag.de
Copyright © Sutton Verlag, 2021

ISBN: 978-3-96303-360-5

Projektmanagement: Antje Beyer
Partnermanagement: Thomas Nehm
Übersetzung ins Englische: Marina Stephanou
Redaktion/Korrektorat: Gudrun Vogel, Stephan Paetrow, Marte Schwabe,
    Dominique Schmied, Marisa Holzer, Markus Otting, Antje Beyer
Gestaltung & Satz: Markus Drapatz
Herstellung: Bettina Schippel
Repro: Ludwig:media
Druck: APPL aprinta GmbH & Co KG

INHALT

ZEISS
Ein kurzer Überblick über eine lange Geschichte

Carl Zeiss, um 1866.

Der Name ZEISS steht heute für Hightech. Vor 175 Jahren stand er für Handwerk. Damals, im November 1846, eröffnete Carl Zeiss, Sohn eines Drechslermeisters aus Weimar, in der Nachbarstadt Jena eine Werkstatt für Feinmechanik und Optik. Geboren im Jahr 1816, hatte er von 1834 bis 1838 beim Jenaer Universitätsmechaniker Friedrich Körner eine Lehre absolviert, Vorlesungen an der Universität gehört und sich danach auf eine Wanderschaft durch das damalige Deutschland begeben. Auf Anraten des Biologen Matthias Schleiden fertigte er in seiner Werkstatt einfache Mikroskope, ab 1857 baute er auch zusammengesetzte Mikroskope. Schon bald lieferte er seine Instrumente nach ganz Europa. 1860 wurde er zum Universitäts-, 1863 zum Hofmechaniker ernannt. Er übernahm soziale Funktionen in der Stadt Jena und war ein angesehener Bürger.

Bei zusammengesetzten Mikroskopen paarte man damals die Linsen so lange miteinander, bis sie gut zu einem Objektiv zusammenpassten. Mit diesem *Pröbeln* genannten Ver-

fahren war Carl Zeiss nicht zufrieden. Deshalb engagierte er ab Mitte der 1860er-Jahre den jungen Mathematiker und Physiker Ernst Abbe. Nach einigen Rückschlägen war es 1872 so weit: Alle Optiken basierten von nun an auf den Berechnungen Abbes.

Doch ein Mikroskop mochte auf dem Papier noch so perfekt sein, in der Praxis hing viel von der Glasqualität ab. Auch hier trat die junge optische Industrie seit Jahrzehnten auf der Stelle. Als Ernst Abbe 1879 einen Brief des jungen Chemikers Otto Schott erhielt, kam Bewegung in die Sache. Zusammen entwickelten sie in langen Versuchsreihen Glassorten, die den optischen Anforderungen besser entsprachen. Zur Produktion gründeten sie 1884 das Jenaer Glaswerk.

1888 starb Carl Zeiss. Das Geschäft lag jetzt in den Händen von Zeiss' Sohn Roderich und von Ernst Abbe. Doch der risikobereite Ernst Abbe und der vorsichtige Roderich Zeiss harmonierten nicht. Schließlich fanden die Gesellschafter einen Kompromiss: Die Firma sollte auf

Ernst Abbe und Otto Schott inspizieren das kettenlose Fahrrad von Paul Rudolph, 1898.

Montage astronomischer Geräte, um 1910.

die 1889 gegründete Carl-Zeiss-Stiftung übergehen. Auch ihre Anteile am Glaswerk brachten sie ein. Abbe blieb Geschäftsführer, Roderich Zeiss schied aus. 1896 – zum 50. Jubiläum des Betriebes – gab Abbe der Stiftung eine Verfassung, die sozial- und wirtschaftsgeschichtlich Maßstäbe setzte. Er beschrieb die Grundsätze der Unternehmensführung und legte einklagbare Rechte der Mitarbeiter fest.

Ernst Abbe gab seine forschungsbasierte Arbeitsweise an seine Schüler und Mitarbeiter weiter. Auf vielen Gebieten der Optik verschob die Firma Zeiss die Grenzen des Machbaren. So entstanden nach und nach weitere Geschäftsbereiche: Fotoobjektive, Ferngläser, Geräte zur chemischen Analytik, astronomische Instrumente und Apparate zur Auswertung von Luftbildern. Nach Abbes Tod kamen Hilfsmittel für den Augenarzt, Brillengläser und Geräte zur Landvermessung hinzu. Bereits 1893 unternahm Carl Zeiss mit einer Vertriebsniederlassung in London den ersten Schritt zur Internationalisierung des Geschäfts.

Am Vorabend des Ersten Weltkrieges hatte das Unternehmen weltweit eine Führungsrolle in allen Bereichen der Feinmechanik und Optik erlangt.

Durch die Produktion von Ferngläsern gehörte auch das Militär zu den Kunden. Im Laufe der Zeit kamen weitere Geräte für diesen Nutzerkreis hinzu: Sichtgeräte, Scheinwerfer, Entfernungsmesser und Zieloptiken. Ab 1905 nahmen die internationalen Bestellungen auf diesem Gebiet rapide zu, und noch vor dem Ersten Weltkrieg wurden Fabriken in England, Österreich und im Russischen Zarenreich eröffnet. So nimmt es nicht wunder, dass während des Krieges fast nur noch für das Militär produziert wurde. Auch viele Mitarbeiter mussten als Soldaten in den Krieg ziehen. Frauenarbeit hielt vorübergehend breiten Einzug in die Produktion.

Nach dem Krieg war die weltweite Dominanz verloren. Zu vielen Märkten gab es vorerst keinen Zugang mehr. Asien und Südamerika wurden mit Handelsniederlassungen neu erschlossen. Dabei halfen auch

Hauptwerk in Jena, um 1911.

viele neue Produkte, wie Präzisions-
messgeräte und Planetarien. Die
wirtschaftliche Erholung gelang
schneller als bei den meisten deutschen Wettbewerbern. Einige Kon-
kurrenzfirmen, an denen sich Zeiss
beteiligte, wurden 1927 in die neue
Kamera-Tochter Zeiss Ikon AG eingebracht (Goerz, Berlin; Ernemann,
Dresden; Contessa-Nettel, Stuttgart).
Andere blieben unmittelbare Töchter
des Stiftungsunternehmens (Winkel,
Göttingen; Hensoldt, Wetzlar). Die
Weltwirtschaftskrise verlief in Jena
glimpflicher als in vielen anderen
Städten Deutschlands.

Die Machtübernahme durch die
Nationalsozialisten 1933 brachte
zunächst einen heftigen Konflikt um
die Carl-Zeiss-Stiftung. Es gelang, den
unmittelbaren Zugriff der Thüringer
Nationalsozialisten auf die Stiftung
zu verhindern. Aber die Rüstungsproduktion hatte nunmehr absolute
Priorität. Für alle Waffengattungen
entwickelte man Zieloptiken, aber
auch Kommandogeräte für die Flug-
abwehr und andere optische Geräte.
Dafür wurden neue Fertigungsstätten
errichtet. Während des Zweiten Welt-
kriegs waren Zwangsarbeiter in allen
Werken beschäftigt. Als der Krieg
1943 in sein Ursprungsland zurück-
kehrte, wurden auch die Werke in
Jena bombardiert.

Im Mai 1945 besetzten amerikanische Truppen Mitteldeutschland bis
zur Elbe. Bei ihrem Rückzug nahmen

sie etwa 1.500 Fachleute und deren Familien in die bereits früher vereinbarte Besatzungszone mit. Darunter waren 77 Zeissianer, die nach Heidenheim an der Brenz kamen. Nach einiger Zeit der Ungewissheit entschied sich die Geschäftsführung dafür, im nahe gelegenen Oberkochen ein neues Werk aufzubauen. Dies erfolgte zunächst in enger Verbindung mit Jena. Dort stellte man so schnell wie möglich das alte Geräteprogramm wieder her. Die Entwickler im Westen überarbeiteten die Geräte grundlegend. Die Zusammenarbeit hielt bis 1953 an. Von da an übernahm eine Berliner Handelsorganisation den Export von Jenaer Geräten. Die damit verbundene Nutzung des Namens Zeiss wollten die Oberkochener nicht dulden. Deshalb kam es weltweit zu rechtlichen Auseinandersetzungen um die Nutzung der Namens- und Warenzeichen. Erst 1971 einigte man sich in der Londoner Vereinbarung darauf, dass Jena den Namen Zeiss im Ostblock nutzen durfte, wo sich das westdeutsche Unternehmen Opton nannte. Im Westen durfte sich Oberkochen Zeiss nennen und Jena Jenoptik. Im Rest der Welt sollte es ein geregeltes Miteinander geben.

Der Aufbau in Oberkochen, aber auch an den westdeutschen Standorten in Wetzlar und Göttingen, war von einer dauerhaft angespannten finanziellen Lage geprägt. Ohne den Beitrag des Kamera-Herstellers Zeiss Ikon, der seinen Sitz nach Stuttgart verlegt hatte, wäre kein Wachstum möglich gewesen. 1956 wurde die Voigtländer AG übernommen, womit man zum weltweit größten Kamera-

Luftbild vom Werk in Oberkochen, 1958.

hersteller avancierte. Umso erstaunlicher war der rapide Kollaps dieses Konzerns angesichts der japanischen Konkurrenz. Im Glauben an die eigene technologische Überlegenheit war zu wenig investiert worden. Unter der Last der Schulden und der Pensionsverpflichtungen geriet auch die Muttergesellschaft in Gefahr. Erst allmählich konsolidierte sich das Unternehmen in den 1970ern- und 1980ern.

In Jena waren die Betriebe 1946 zu 94 Prozent demontiert und 1948 verstaatlicht worden. Dennoch baute man die Produktion überraschend schnell wieder auf und erreichte schon bald das Niveau der Vorkriegszeit. Carl Zeiss Jena war zunächst Leitbetrieb und seit 1965 Zentrale eines Kombinates, das den gesamten Bereich der Feinmechanik und Optik der DDR umfasste. In den 1960ern startete ein umfassendes Investitionsprogramm, das den Export vor allem in die Sowjetunion voranbringen sollte. Die neu errichteten

Am 13. Februar 1991 demonstrierten Mitarbeiter von Carl Zeiss Jena, die um ihren Arbeitsplatz besorgt waren.

Gebäude und Werke veränderten das Stadtbild Jenas grundlegend. In den 1970ern wurde die Rüstungsproduktion deutlich ausgebaut. In den 1980ern kam das ehrgeizige Projekt hinzu, die gesamte Ausrüstung für die Mikrochip-Herstellung im Ostblock zu liefern.

Auch in Jena gingen 1989 Bürger auf die Straße, um für Veränderungen zu demonstrieren. Doch der Zusammenbruch des Ostblocks und auch der DDR kam für die meisten Menschen überraschend. Schnell war klar, dass sich Zeiss West im Osten engagieren musste. Allerdings war das ostdeutsche Kombinat weit größer als das westdeutsche Unternehmen, das ohnehin bereits wirtschaftliche Probleme hatte. Deswegen übernahm man nur das Kerngeschäft mit klassischer Feinmechanik und Optik. Aufgrund des parallelen Produktspektrums konkurrierten die west- und

ostdeutschen Betriebe jetzt miteinander. Damit war die Krise des gesamten Unternehmens vorprogrammiert. Mitte der 1990er folgten harte Sanierungsschritte: Die Belegschaft in Jena wurde auf etwa 1.500 Mitarbeiter noch einmal halbiert, einige wenig rentable Geschäfte wurden aufgegeben.

Nach vielen Jahren gründete man 1993 mit der Halbleiteroptik zum ersten Mal wieder eine neue eigenständige Sparte aus dem Bereich Photoobjektive aus. Das Hauptprodukt dieses Bereiches sind Optiken zur Herstellung von Mikrochips. In den folgenden Jahren wurden diese einzelnen Abteilungen zu eigenständigen Tochterunternehmen umgebaut. Aus der Halbleiteroptik wurde die Carl Zeiss SMT GmbH, aus den Ophthalmologischen Geräten und den Operationsmikroskopen die Carl Zeiss Meditec AG, aus dem Brillen-

glasgeschäft die Carl Zeiss Vision GmbH. Die Messtechnik und die Mikroskopie gehören heute zur Carl Zeiss IQS Deutschland GmbH.

2004 wurde das Statut der Carl-Zeiss-Stiftung grundlegend revidiert und anderen Unternehmensstiftungen angeglichen. Die Stiftung ist nun nicht mehr die Unternehmerin, sondern hält jeweils 100 Prozent an der Carl Zeiss AG und an der Schott AG. Sie verwendet die Einnahmen, die aus den Gewinnen der Unternehmen entstehen, für die Wissenschaftsförderung in Baden-Württemberg, Thüringen und Rheinland-Pfalz. Die Carl-Zeiss-Stiftung ist eine der ältesten und inzwischen eine der größten privaten wissenschaftsfördernden Stiftungen in Deutschland.

In den letzten 20 Jahren hat sich der Konzern globalisiert. Die Firmen SOLA und GOM sind nur zwei Beispiele für Unternehmen, die weltweit akquiriert und erfolgreich integriert wurden. Vor allem in Nordamerika und in Asien gibt es Standorte, an denen nicht nur produziert, sondern auch geforscht und entwickelt wird. Nachdem lange Jahre vor allem das Halbleitergeschäft die Umsatzlokomotive war, haben sich in den letzten Jahren auch die anderen Sparten dynamisch entwickelt.

Dieses Buch gibt mit zahlreichen Bildern einen Einblick in 175 Jahre ZEISS. Anders als in den meisten Schriften zu Jubiläen ist dabei keine Vollständigkeit der Personen, Ereignisse oder Produkte angestrebt. Vielmehr möchten wir in starken Momentaufnahmen die Geschichten hinter der Geschichte erzählen.

Ich wünsche Ihnen eine inspirierende Lektüre.

Wolfgang Wimmer

Diese Fotomontage zeigt den künftigen ZEISS Hightech-Standort Jena.

DIE FRÜHEN JAHRE

1846–1918

In den ersten Jahren unterschied sich die feinmechanisch-optische Werkstätte von Carl Zeiss in Jena nicht sehr von Werkstätten in anderen Universitätsstädten. Schon bald waren seine Mikroskope führend in Deutschland und wurden exportiert. In Jena war Zeiss ein anerkannter Handwerker und angesehener Bürger.

Die Zusammenarbeit mit Ernst Abbe eröffnete ein neues Kapitel: Auf wissenschaftlicher Grundlage wurden auf allen Gebieten der Optik neue Produkte entwickelt. Damit begann ein rasantes Wachstum und bis zum Ersten Weltkrieg sollte Carl Zeiss weltweit das bedeutendste Unternehmen der optischen Industrie werden.

Mit der Carl-Zeiss-Stiftung führte Ernst Abbe ein neuartiges Unternehmensmodell ein. Die Gewinne wurden für wissenschaftliche und soziale Zwecke verwendet. Die Mitarbeiter erhielten einklagbare Rechte.

Carl Zeiss

Roderich Zeiss.

Carl Zeiss und Frau Ottilie mit Schwiegertochter.

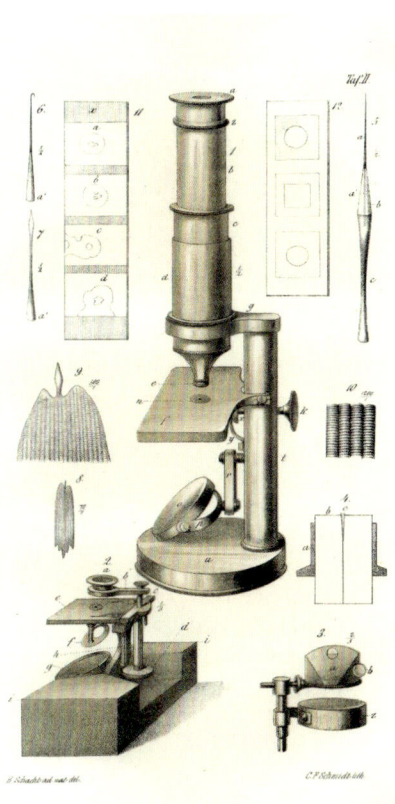

In einem Fachbuch findet sich 1855 eine der ersten Abbildungen des einfachen Mikroskops von Carl Zeiss (1816–1888). Schon kurze Zeit später präsentierte er stolz eines seiner ersten zusammengesetzten Mikroskope. Nur wenige Bilder zeigen ihn und seine Familie in einem privaten Umfeld.

August Löber

Carl Müller.

Friedrich Pfaffe.

Joseph Rudolph.

August Löber (1830–1912).

Kultcharakter hat das Bild aus der Optischen Werkstatt mit dem Meister August Löber (ganz rechts) und den Lehrlingen aus dem Jahr 1864. Von links nach rechts werden in dieser Fotomontage die einzelnen Arbeitsgänge zur Herstellung eines Objektivs gezeigt. Die abgebildeten Lehrlinge, die später das Unternehmen nachhaltig prägten, sind (v.l.): Carl Müller, Friedrich Pfaffe, Joseph Rudolph, Wilhelm Böber, Heinrich Pape, Fritz Müller.

Wilhelm Böber.

Heinrich Pape.

Fritz Müller.

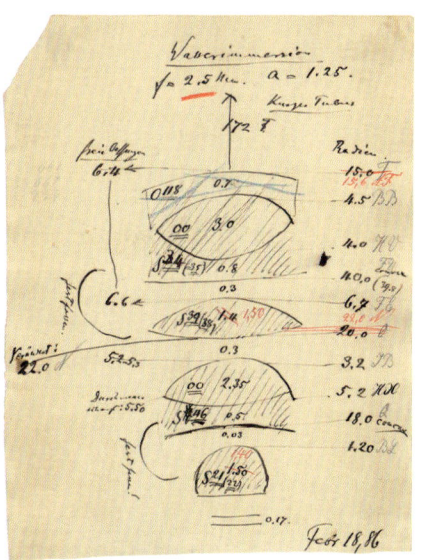

Die Zusammenarbeit mit dem Physiker Ernst Abbe (1840–1905) bedeutete für das junge Unternehmen die Wende zum wissenschaftlichen Mikroskopbau. Ab 1872 wurden alle Mikroskopoptiken nach Abbes Berechnungen gebaut. Er entwickelte viele weitere optische Instrumente und gab seine wissenschaftliche Arbeitsweise an seine Schüler weiter. Später wurde Abbe Miteigentümer des Unternehmens und gründete die Carl-Zeiss-Stiftung, der das Unternehmen bis heute gehört. Auch von Abbes Familie gibt es nur wenige Fotografien.

Otto Schott

Abbes Berechnungen für Optiken erforderten Glassorten mit neuen und reproduzierbaren Eigenschaften. Ernst Abbe konnte den Chemiker und Glastechniker Otto Schott (1851–1935) aus Witten für eine Zusammenarbeit gewinnen. Schott hatte ein Verfahren entwickelt, in langen Versuchsreihen die Qualität des Glases zu verbessern. 1884 wurde das Jenaer Glaswerk Schott & Genossen gegründet. Der erste Verkaufsschlager war hitzebeständiges Glas, das für Beleuchtungszwecke und zum Kochen verwendet werden konnte.

Innovationen

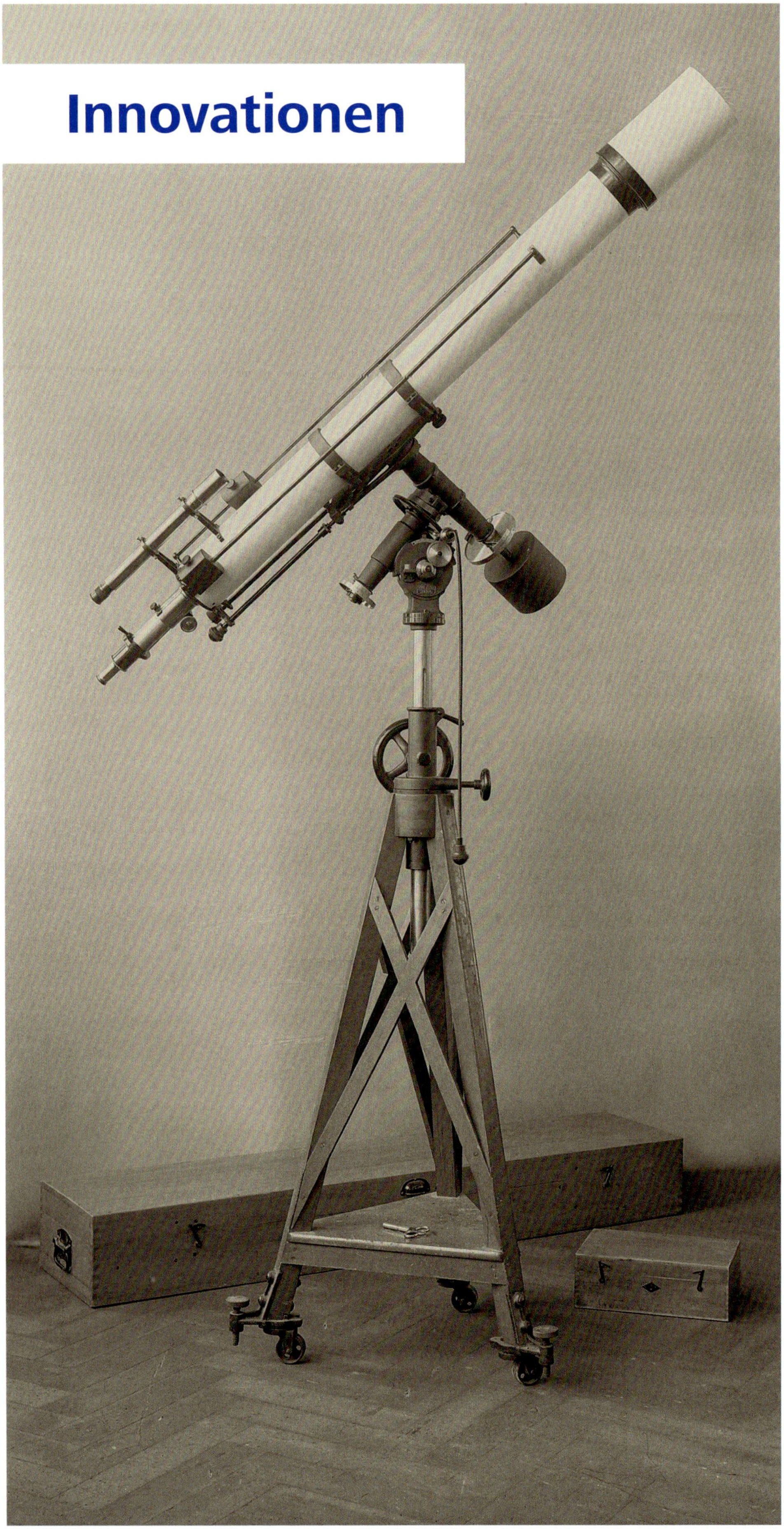

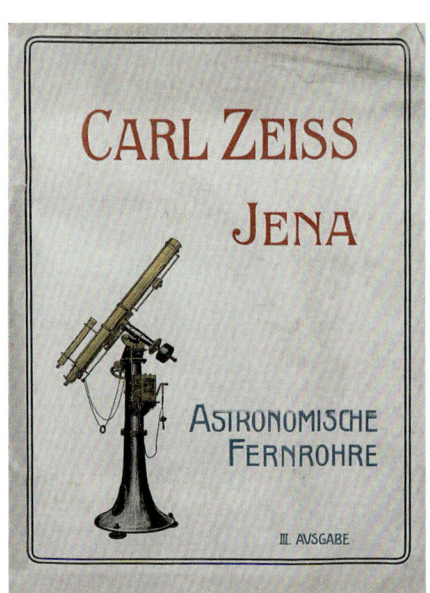

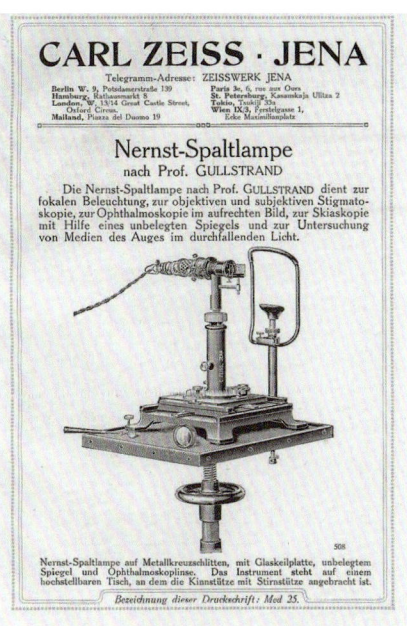

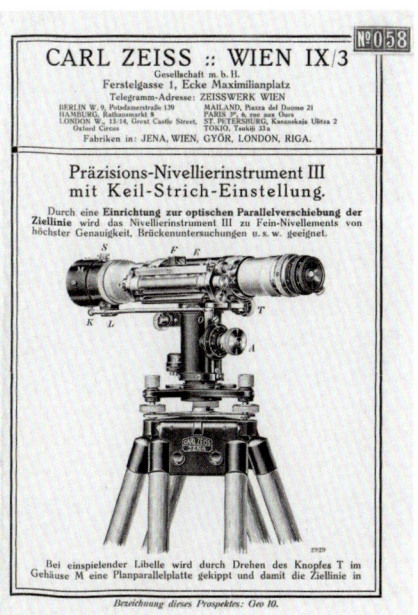

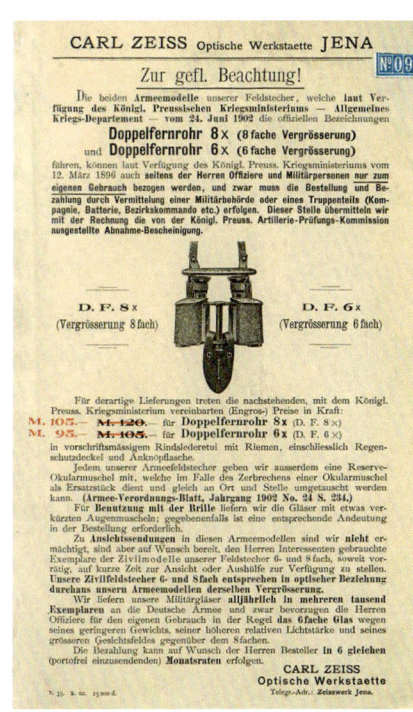

Ernst Abbe und die von ihm ausgebildeten Wissenschaftler bauten die Produktpalette des Unternehmens aus. Die von Abbe für seine eigene Forschung entwickelten Refraktometer und Spektrometer bildeten die Grundlage für die Abteilung für optische Messgeräte. Seit den 1890er-Jahren wurde das Portfolio um Fotoobjektive, Ferngläser, Fernrohre, Optiken für militärische Zwecke, astronomische und photogrammetrische Geräte, Stereoskope und Scheinwerfer erweitert. Nach Abbes Tod kamen der Kamerabau, geodätische Geräte, Brillengläser und medizinische Instrumente hinzu.

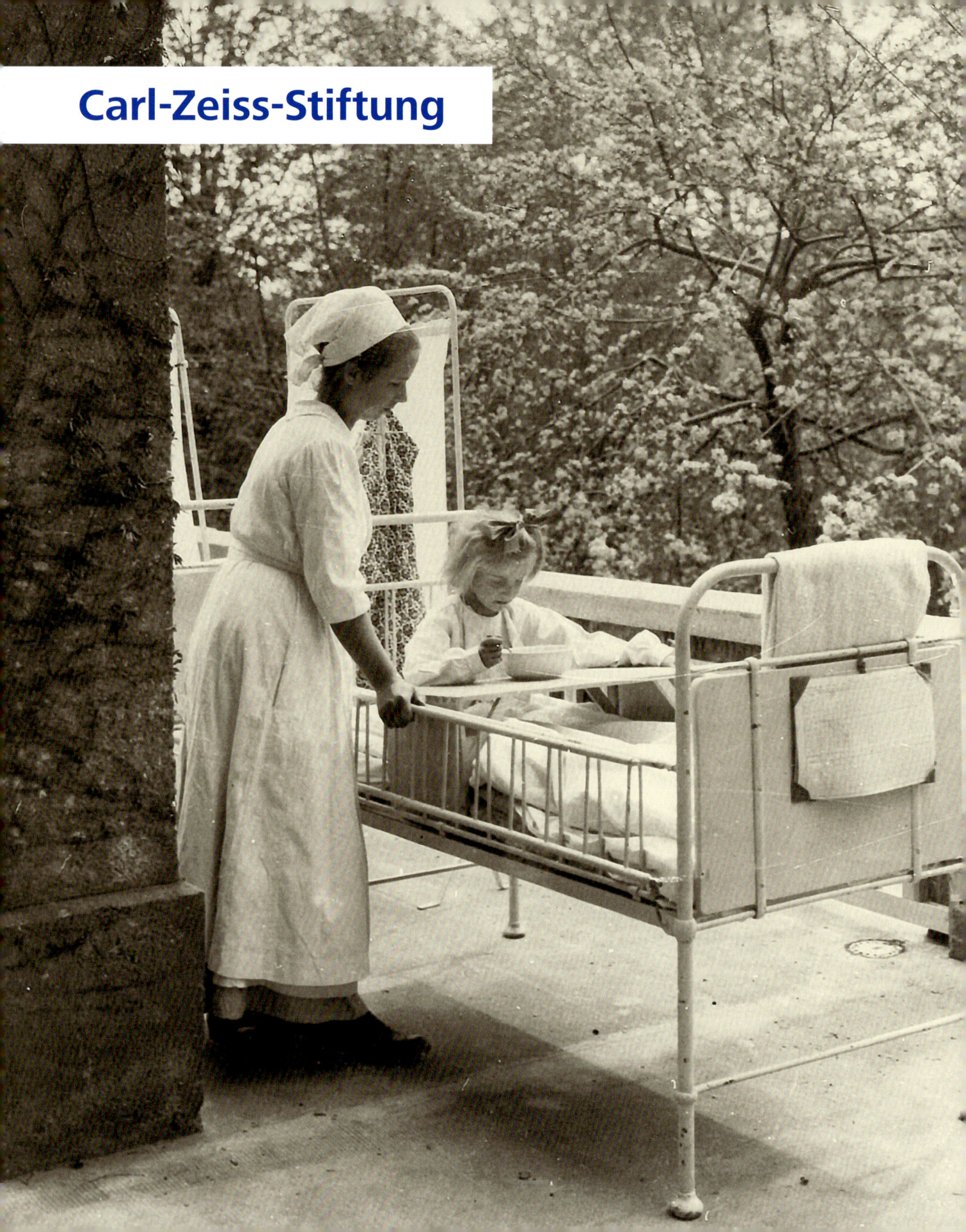

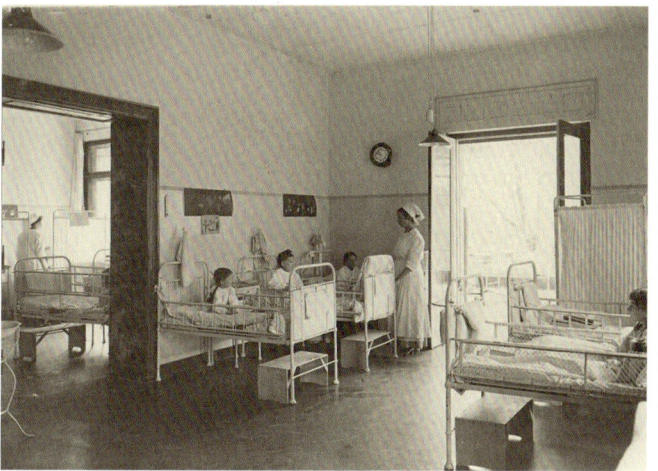

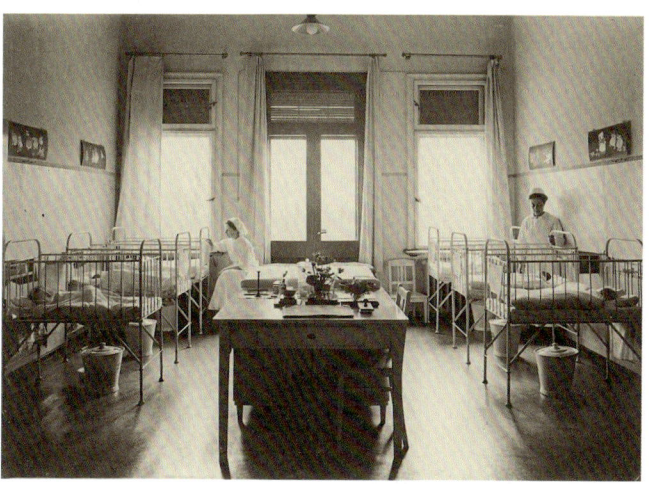

Der Werksfotograf Anton Böhme fotografierte das Umfeld des Werkes in Jena. Er dokumentierte auch die Einrichtungen, die von der Carl-Zeiss-Stiftung betrieben oder unterstützt wurden. Das Volkshaus, das Volksbad, die Kinderklinik oder das naturkundliche Museum der Universität sind nur einige Beispiele für die umfangreiche Fördertätigkeit der Stiftung. Dem Statut entsprechend wurden die Gewinne der Unternehmen Zeiss und Schott zum Nutzen der Mitarbeiter, der Stadt Jena und der Universität verwendet.

Frühe Werbung

Lange war die Werbung von Carl Zeiss Jena sehr nüchtern und technisch, um nicht zu sagen langweilig. Erst mit den Ferngläsern, Fotoobjektiven und Brillengläsern kam etwas mehr Schwung in die Anzeigenmotive, die nun oft von renommierten Grafikern gestaltet wurden.

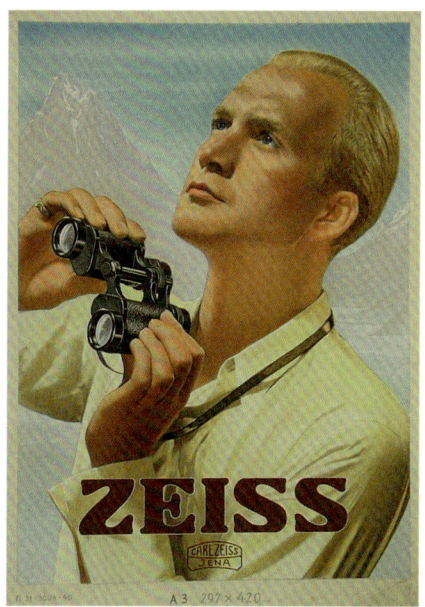

Produktion um 1900

Für ein Unternehmen, das Fotoobjektive und andere Hilfsmittel für die Fotografie herstellte, gibt es erstaunlich wenige Fotodokumente aus der frühen Zeit von Carl Zeiss. Erst für das Buch „Das Zeisswerk" von dem Jenaer Physik-Professor Felix Auerbach, das ab 1903 in mehreren Auflagen erschien, nahm man diese ersten Bilder von den Arbeitsprozessen auf. Zum Teil waren die Bilder inszeniert, wie man an den ungewöhnlichen Hintergründen erkennen kann.

Erste Filialen

In den Anfangsjahren spielten Absolventen der Jenaer Universität für den Export von Mikroskopen eine besondere Rolle. Wenn die Alumni wissenschaftlich Karriere machten, bestellten sie oft Geräte für ihre Institution oder ihre Schüler. Später übernahmen Agenturen in ganz Westeuropa das Geschäft. 1893 wurde in London die erste eigene Vertriebsniederlassung eröffnet. Noch vor dem Ersten Weltkrieg kamen Fertigungsstätten in Wien, London (Gruppenbild der Mitarbeiter oben) und Riga (Fertigung unten) hinzu.

Seit dem Russisch-Japanischen Krieg von 1905 nahmen die Bestellungen von Optiken für den militärischen Gebrauch aus dem In- und Ausland rapide zu. Während des Ersten Weltkrieges fertigte man fast nur noch für das Militär. Viele Mitarbeiter wurden eingezogen. Um die Nahrungsmittelversorgung für die Beschäftigten und ihre Familien zu verbessern, wurden Kantinen errichtet und Speisungen für Kinder angeboten.

ZWISCHEN RÜSTUNG UND KRIEG

1918–1945

Nach dem Ersten Weltkrieg gelang Carl Zeiss relativ schnell die Umstellung auf die überwiegende Fertigung ziviler Produkte. Andere optische Unternehmen scheiterten daran, Zeiss erwarb Mehrheitsbeteiligungen an einigen dieser Gesellschaften. Vier davon wurden in die Zeiss Ikon AG, Dresden, eingebracht, die sich auf die Herstellung von Kameras und Beleuchtungssystemen konzentrierte.

Gemäß dem Versailler Vertrag war Carl Zeiss schon in der Weimarer Republik der einzige Hersteller, der optische Geräte für die Reichswehr entwickelte und fertigte. Nach der Machtübernahme der Nationalsozialisten betrieben diese ohne Rücksicht auf internationale Verträge die Wiederaufrüstung Deutschlands. Damit nahm auch die militärische Produktion bei Zeiss enorm zu. Vor allem das Südwerk in Jena wurde für diesen Zweck ausgebaut, aber auch andere Standorte stellten sich darauf ein. Nach mehreren Bombardements ab 1943 waren die Fabriken in Jena und an anderen Orten unmittelbar vom Krieg betroffen.

Planetarien

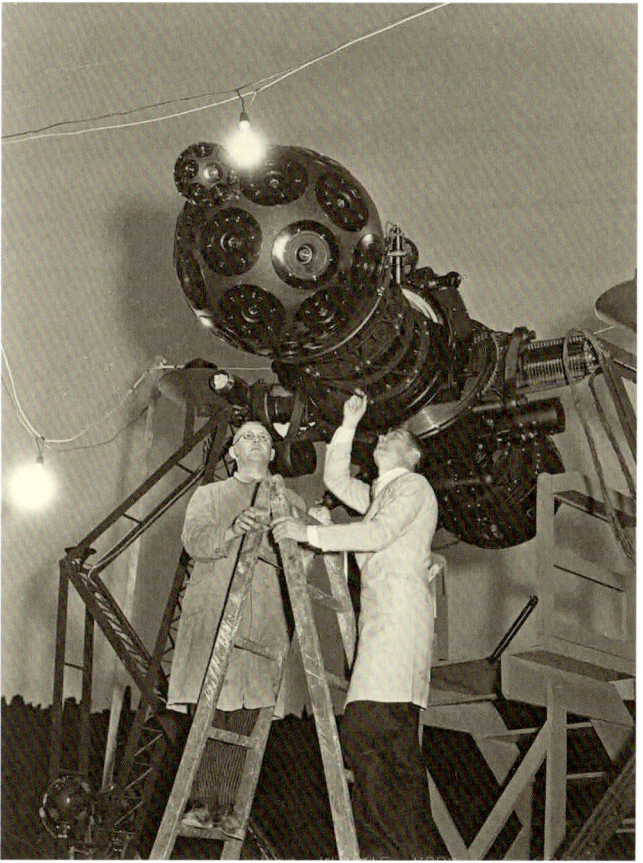

Für das Deutsche Museum in München erfand Walther Bauersfeld nicht nur einen vollkommen neuartigen Sternenprojektor, sondern auch die Bauweise von Kuppeln mithilfe von Stabgittern und Beton. Von Bauingenieuren weiterentwickelt, wurde dieses Verfahren zu einem Standard für große Kuppelbauten. Die Planetarien waren ein weltweiter Verkaufsschlager. Auf dem Bild oben wird gerade der Projektor in Los Angeles montiert. Die beeindruckenden Fotografien, auf denen die Arbeiter wie Spinnen im Netz wirken, stammen von dem berühmten Gestalter und Fotografen László Moholy-Nagy.

Neue Geschäfte

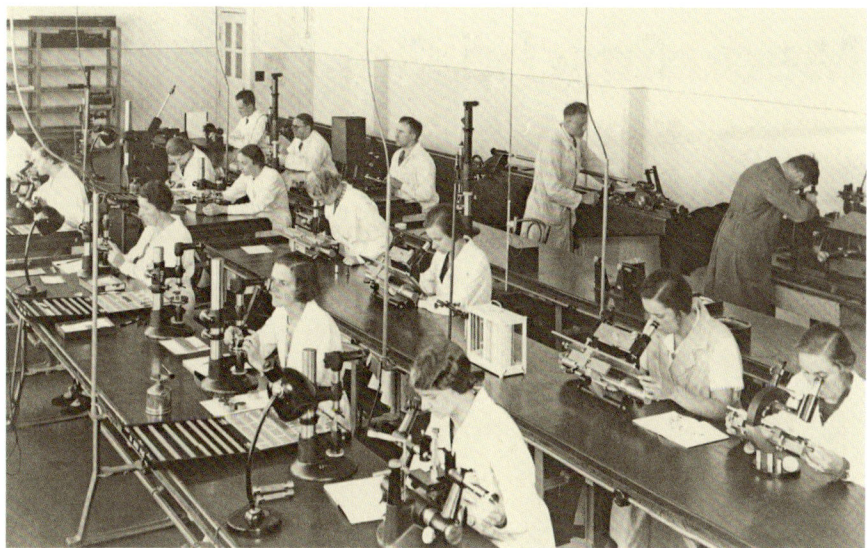

Austauschbau war eines der Schlagwörter bei der Modernisierung der Produktionsmethoden in den 1920er-Jahren. Jedes Teil sollte so präzise gefertigt sein, dass es ohne weitere Bearbeitung passte. Dazu brauchte man sehr genaue Messinstrumente, die unter Werkstattbedingungen besonders robust sein mussten. Einige Geräte konnte man aus dem älteren Programm übernehmen, viele wurden neu entwickelt. Anfang der 1920er-Jahre kamen endlich die Vermessungsgeräte auf den Markt, die man schon vor dem Krieg entwickelt hatte. Spiegelleuchten für Fahrzeuge oder für die Beleuchtung von Räumen erschlossen ganz neue Märkte.

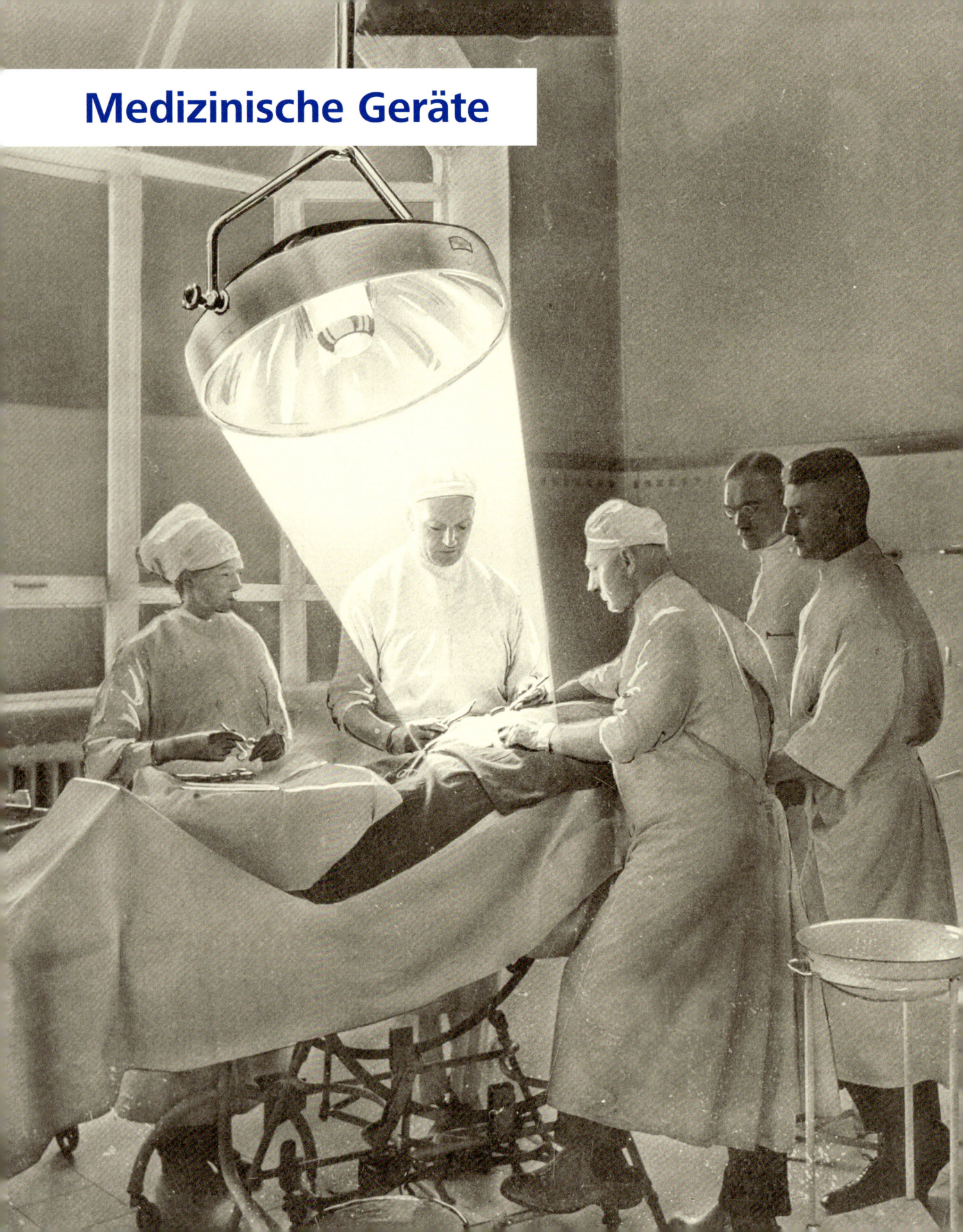

Medizinische Geräte

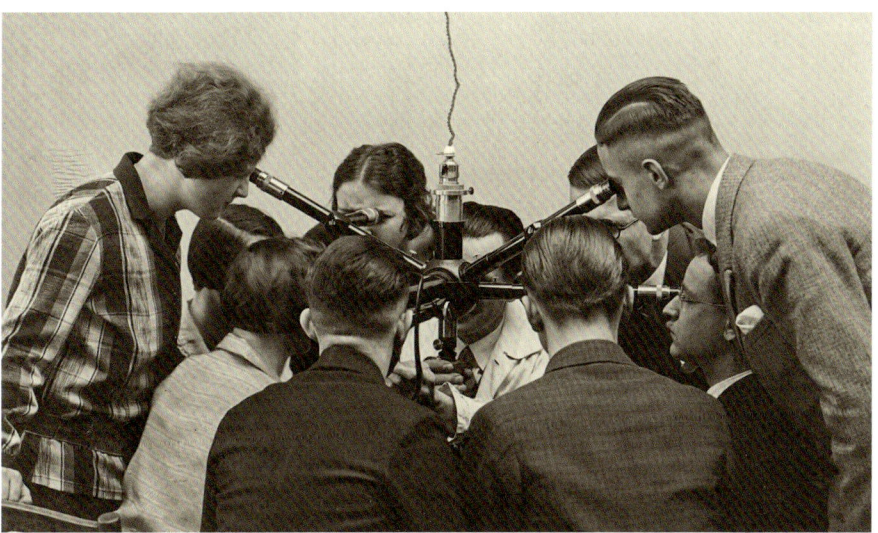

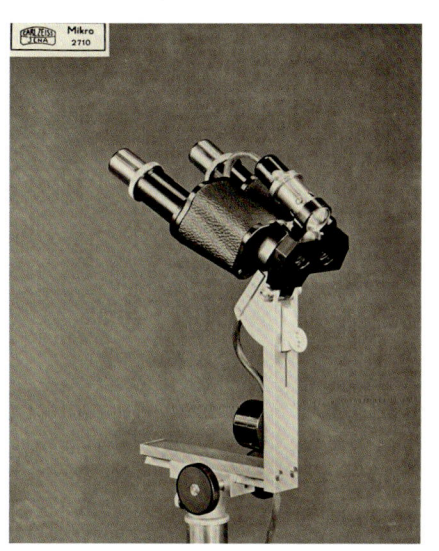

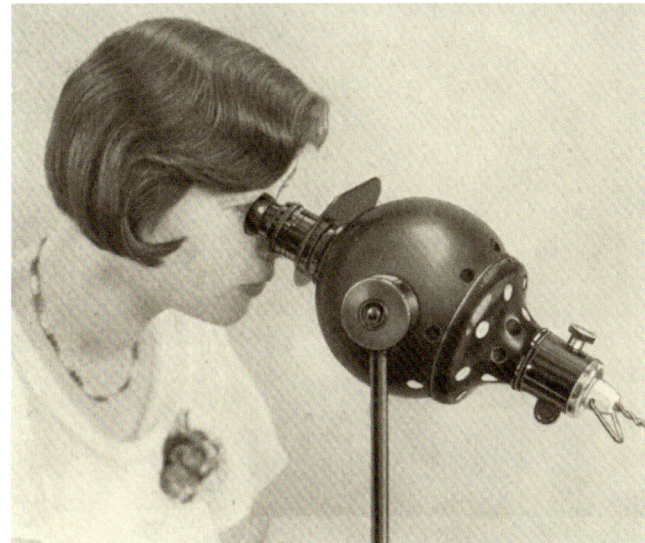

Auf dem Gebiet der medizinischen Geräte blieb der Schwerpunkt bei Instrumenten zur Untersuchung der Augen. Aber auch andere Produkte wie Lupen für chirurgische Operationen kamen hinzu. Das Polylaryngoskop – auch Neunauge genannt – machte es möglich, dass ein Lehrender acht Mitbeobachtern die Untersuchung des Kehlkopfes vorführen konnte. Im Operationssaal wurden moderne Beleuchtungssysteme eingeführt, die eine hohe Beleuchtungsstärke mit einer weitgehend schattenfreien und gleichmäßigen Ausleuchtung des Operationsfeldes verbanden.

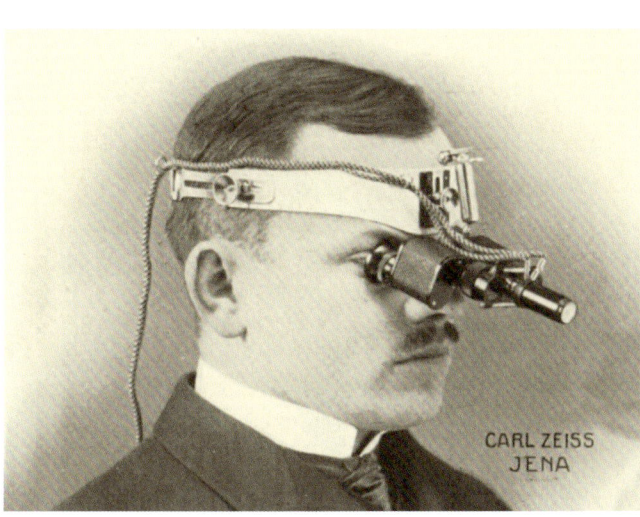

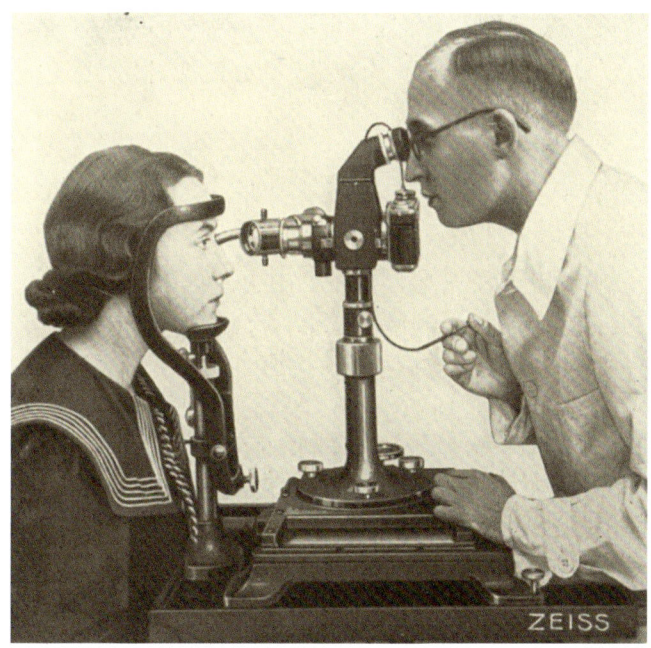

Ausbildung

Das Wachstum des Unternehmens und die Vielzahl der neuen Produkte erforderten immer mehr gut ausgebildete Mitarbeiter mit neuen Qualifikationsprofilen. Berufe wie Elektriker oder Außenhändler kamen hinzu. In der Weimarer Republik gab es bei der Lehrlingsausbildung große Veränderungen. Die Eignung der Kandidatinnen und Kandidaten wurde vorab getestet, eine eigenständige Lehrwerkstätte wurde eingerichtet und theoretischer Unterricht durchgeführt. Theorie und Praxis wurden damit unabhängig von den aktuellen Tagesanforderungen des Betriebes vermittelt.

Produktion in den 1920ern

Die Industrie der Weimarer Republik war von der Modernisierung und Rationalisierung der Fertigung geprägt. Auch bei Carl Zeiss wurden die alten Bandantriebe durch Elektromotoren ersetzt und viele Produktionsvorgänge mechanisiert. Vor allem bei der Fertigung von Brillengläsern kam es darauf an, möglichst große Mengen zu möglichst niedrigen Kosten sehr präzise herzustellen. Dafür wurden neue Maschinen entwickelt.

Carl Zeiss international

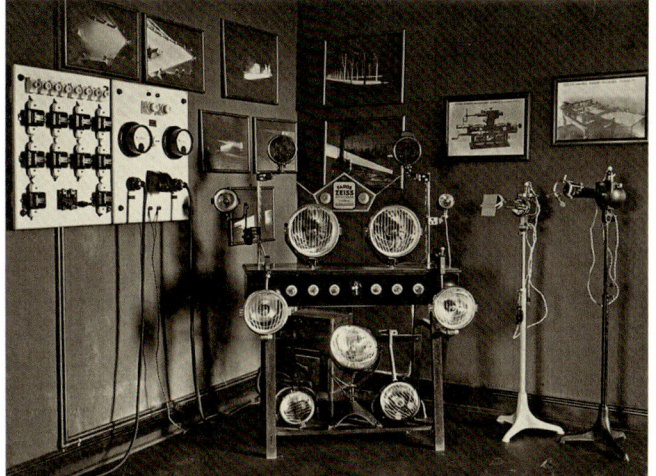

Nach dem für Deutschland verlorenen Krieg mussten viele Auslandsfilialen neu aufgebaut werden. In New York richtete man die Filiale mitten in Manhattan ein (linkes Bild), nicht weit vom Central Park. In Tokio (rechtes Bild) ließ man sich in der Nähe des Kaiserpalasts nieder. Die Innenräume der Niederlassungen waren im Stil der Zeit eingerichtet. Außer den Büros und der Verkaufsausstellung gab es auch Werkstätten, wo Geräte repariert werden konnten. Ab Ende der 1920er-Jahre nahmen viele Filialen Kameras von Zeiss Ikon ins Portfolio auf, die das Angebot von Zeiss hervorragend ergänzten.

Zeiss Ikon

1909 schloss Carl Zeiss sein Kamerageschäft mit anderen Firmen zur ICA AG (Dresden) zusammen. 1926 fusionierte die ICA AG abermals mit drei vormaligen Konkurrenten zur Zeiss Ikon AG. Damit war einer der größten Kamerahersteller der Welt entstanden. Die Carl-Zeiss-Stiftung hielt eine Mehrheit an diesem Unternehmen, das selbstständig agierte. Mit der Contax Kleinbildkamera gelang 1932 ein erster großer Wurf. Früh begann man, Filmkameras und Projektoren für Profis und Amateure zu entwickeln. Mit Türschließanlagen, mechanischen Rechnern und Raumbeleuchtungen war das Produktspektrum sehr breit.

Beratung für Kunden

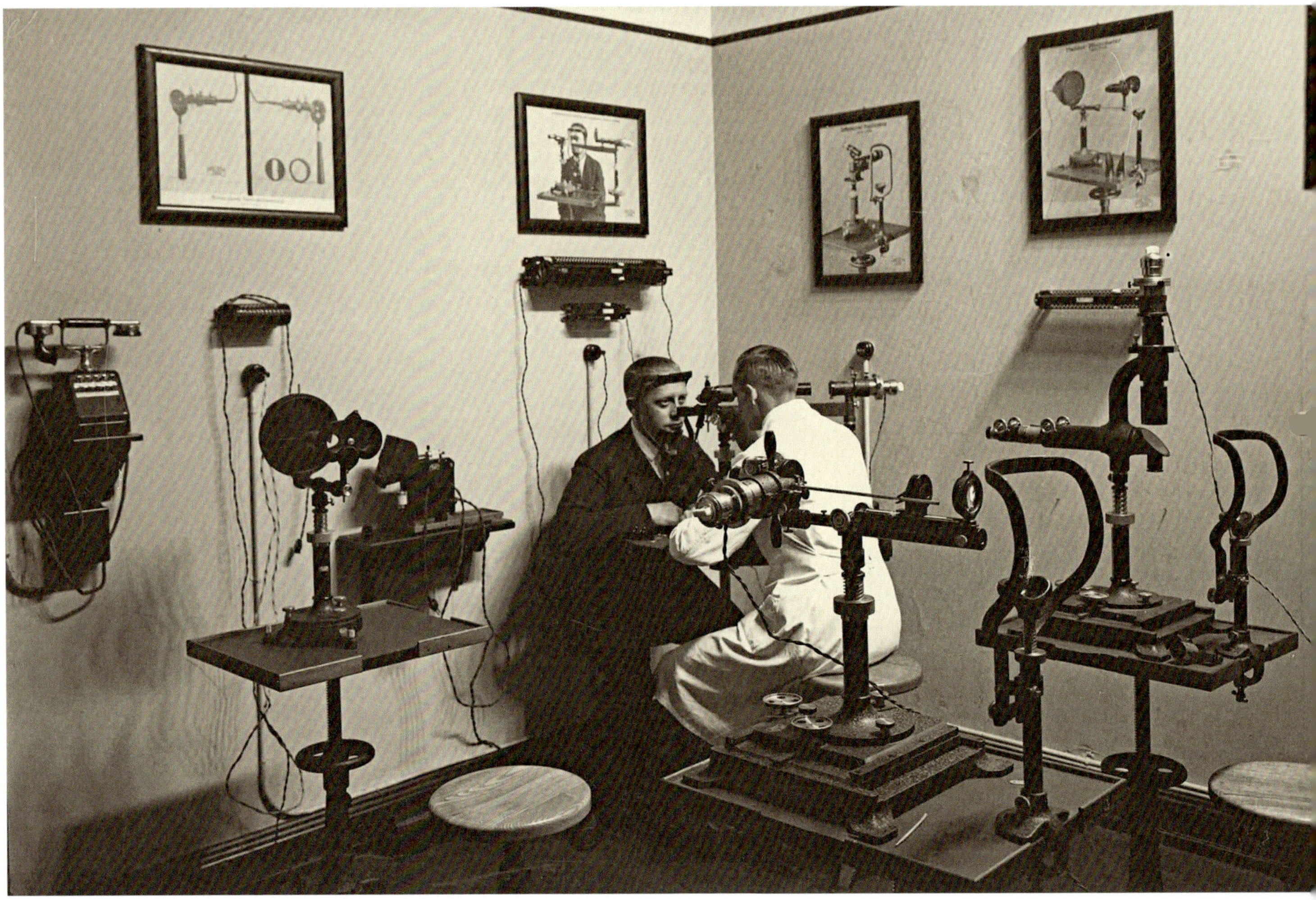

Die wichtigsten inländischen Verkaufsniederlassungen befanden sich in Berlin, Hamburg, Köln und München. In Europa waren es London und Paris, in Amerika New York und Buenos Aires und in Asien Tokio. Hier war einerseits das umfangreiche Geräteprogramm ausgestellt, andererseits konnten die verschiedensten Instrumente demonstriert und erprobt werden. Die umfassend geschulten Mitarbeiter der Filialen waren auch für Fachleute kompetente Ansprechpartner.

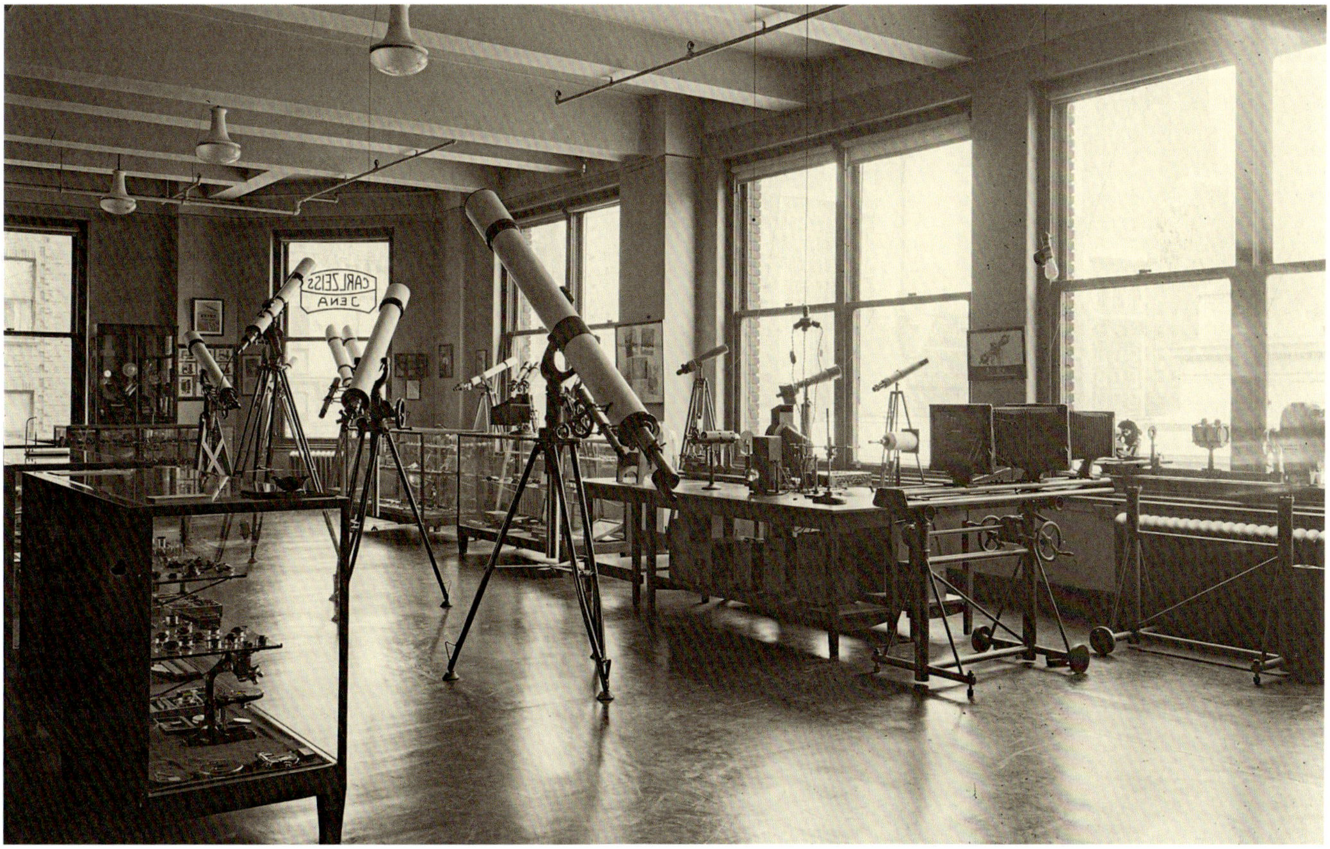

Weltausstellung in Paris

Auf der Pariser Weltausstellung 1937 präsentierte sich das Deutsche Reich als friedliebendes Land der Wissenschaften. Carl Zeiss und Zeiss Ikon waren mit ihren Produkten zentral vertreten. Besondere Aufmerksamkeit genoss das Planetarium auf dem Ausstellungsgelände unterhalb des Eiffelturms. Die regelmäßigen Vorführungen waren ein Publikumsmagnet. Das Gebäude wurde später abgetragen und der Projektor ins „Palais de la Découverte", das zentrale Wissenschaftsmuseum Frankreichs, verbracht.

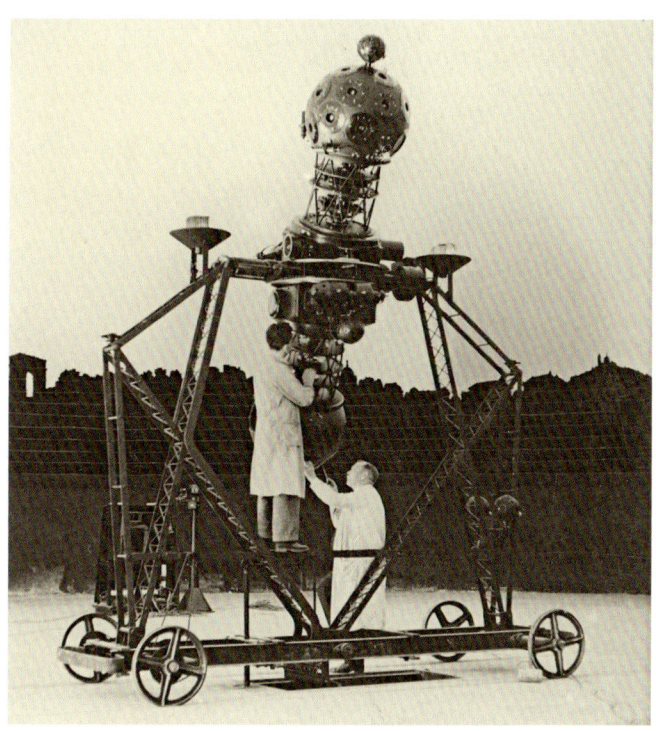

Firma Winkel in Göttingen

Rudolf Winkel (1827–1905, Bild rechts oben, in der Mitte sitzend) eröffnete 1857 in Göttingen eine feinmechanische Werkstatt. Ähnlich wie Carl Zeiss arbeitete er zunächst vor allem für die Universität. Seit 1870 baute er auch Mikroskope. Auf dem Gebiet der Polarisationsmikroskopie genossen seine Instrumente Weltruhm. Schon 1911 übernahm Carl Zeiss Anteile an dem Unternehmen. In den 1920er-Jahren intensivierte sich die Zusammenarbeit und schließlich firmierten die Göttinger Mikroskope unter Winkel Zeiss Göttingen. 1957 wurde die R. Winkel GmbH Bestandteil der Carl-Zeiss-Stiftung.

Optikergeschäfte

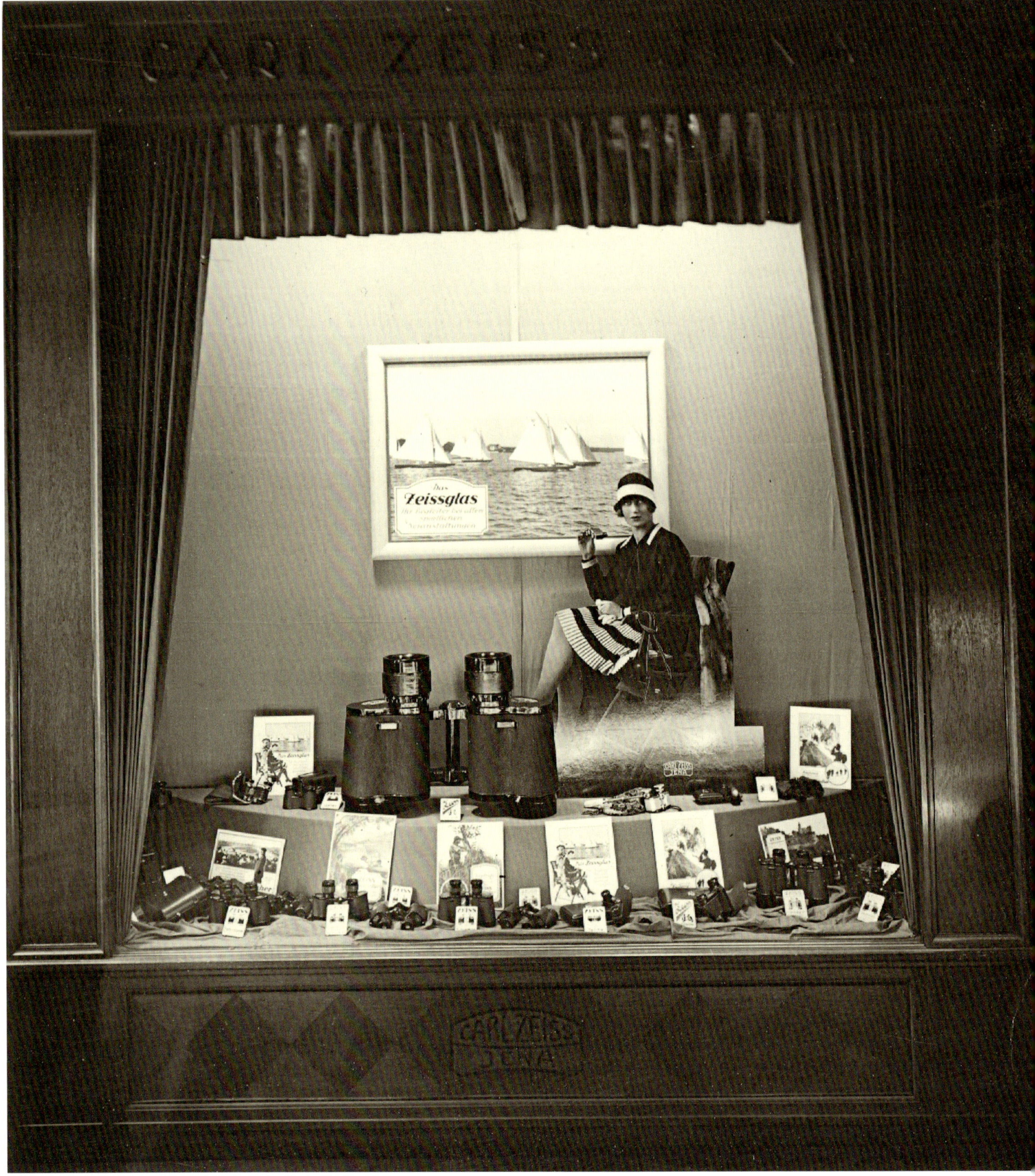

Für den Vertrieb von Ferngläsern, Fotoobjektiven und Brillengläsern war der Fachhandel von entscheidender Bedeutung. Neben Zeitschriften- und Kinowerbung entwickelten sich die Schaufenster zum Gesicht der Geschäfte. Im Kampf um die Aufmerksamkeit der Kunden gestaltete Carl Zeiss Plakate, Fotografien, Aufsteller und andere dekorative Materialien, die den Händlern zur Verfügung gestellt wurden.

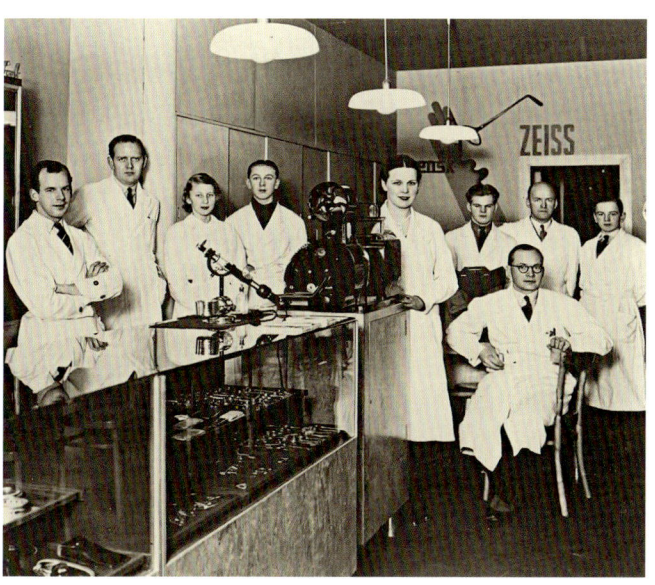

Optikerschule

Vor allem die neuartigen Brillengläser erforderten eine intensive Beratung der Kunden und individuelle Anpassung. Für diese Aufgabe entstand der Beruf des Fachoptikers. Nach mehreren Anläufen in Berlin und Köln erklärte sich die Carl-Zeiss-Stiftung bereit, in Jena eine Fachschule für diese Ausbildung einzurichten. Zunächst provisorisch untergebracht (Bild oben), erhielt die Optikerschule schon bald ein eigenes Gebäude. Hier gab es Vorlesungs-, Übungs- und Sammlungsräume für Unterrichtszwecke.

Werbung in der Zwischenkriegszeit

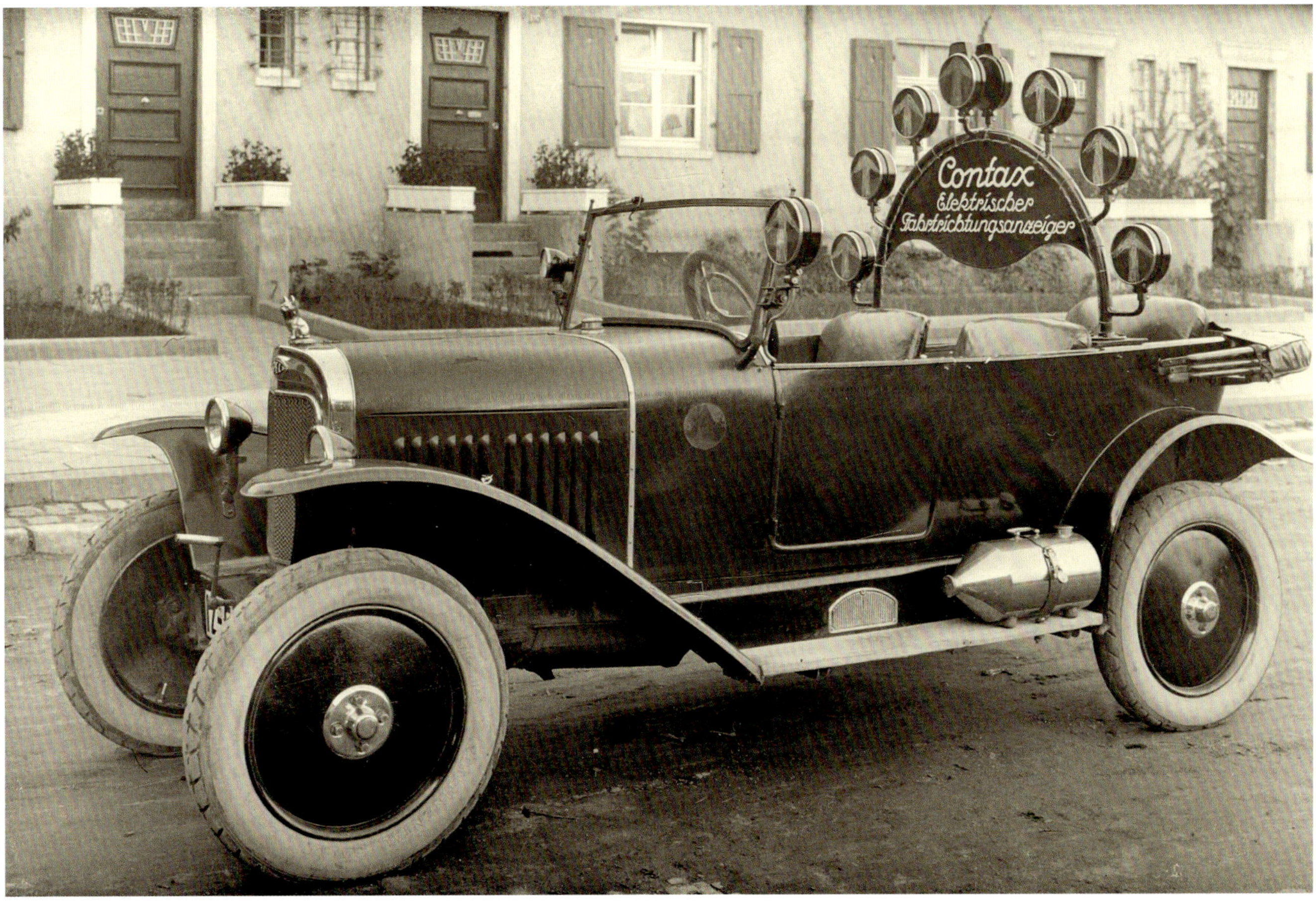

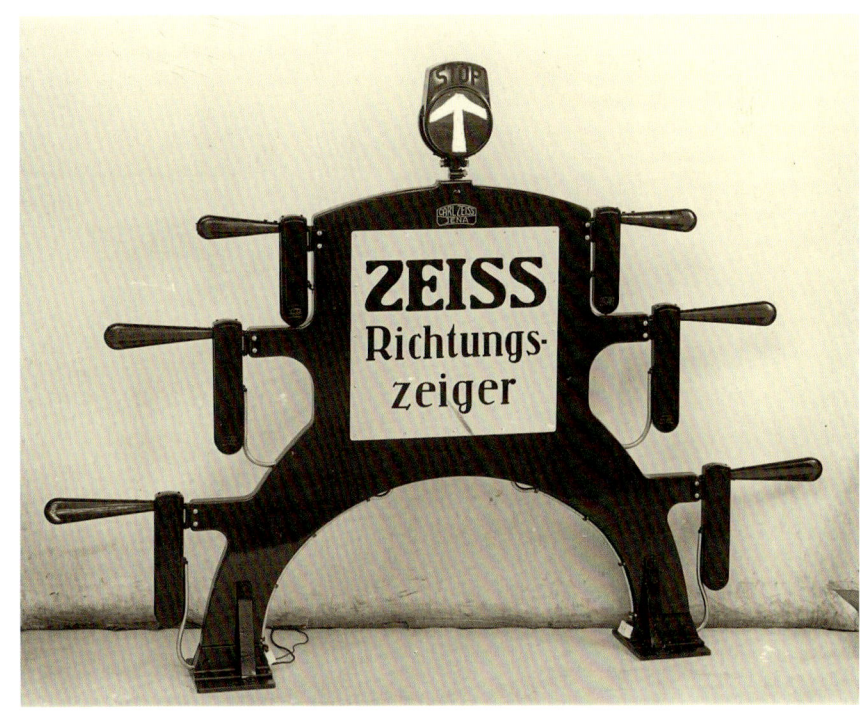

Die Werbung von Zeiss für Brillengläser und Beleuchtungsapparate zeigt das einprägsame Design der sogenannten Goldenen Zwanziger. Die illustrative Gestaltung hebt die Form, Funktion und Ästhetik der Produkte in den Vordergrund. Das Logo von Carl Zeiss Jena (in Form einer Doublet-Linse) bekommt Symbolcharakter: Es steht für erstklassiges Handwerk, Präzision und Qualität. Nur für kurze Zeit war der elektrische Fahrtrichtungsanzeiger Contax auf dem Markt, der aber intensiv beworben wurde. Mithilfe von zwei ausklappbaren Pfeilen konnte das geplante Abbiegen angekündigt werden. Schon kurze Zeit später wurde der Name Contax für die berühmte Kamera von Zeiss Ikon verwendet.

Das Südwerk in Jena

1923 entstand im Süden Jenas ein Gebäude für die Herstellung von Brillengläsern (S. 63 oben links und S. 62 unten). Danach kam der geplante Ausbau des Südwerkes nicht voran. Erst mit dem Rüstungsboom der 1930er-Jahre entstanden hier viele weitere Fabrikbauten. Unter diesem Gelände wurden zum Ende des Zweiten Weltkrieges Tunnel gegraben, in welche man die Fertigung verlagern wollte. Die Untertagefabrik wurde jedoch nie fertiggestellt. Etwas außerhalb Jenas baute man bereits vorhandene Stollen aus. Dort wurde noch 1944 mit der Optik-Fertigung begonnen, wie das kleine Bild unten zeigt.

Rüstungsgüter

Ab 1933 wurden regelmäßig Aufmärsche und Veranstaltungen inszeniert, die die Zustimmung der Bevölkerung zum Regime demonstrieren sollten. Gleichzeitig nahm die Auslastung der Fertigungsbetriebe durch die zunächst geheime, bald aber offene Aufrüstung immer stärker zu. Neben Zieloptiken und Beobachtungsgeräten für alle Waffengattungen wurden für das Heer Ferngläser, für die Luftwaffe Luftbildkameras und Auswertegeräte und für die Marine U-Boot-Periskope und Entfernungsmesser hergestellt. Auf dieser Seite sind verschiedene Kommandogeräte zu sehen, mit denen die Daten anfliegender Flugzeuge erfasst und an die Flugabwehrgeschütze weitergegeben wurden.

1846–1918

1918–1945

1945–1990

1990–2021

Zwangsarbeit

Während des Zweiten Weltkrieges waren bei Carl Zeiss und seinen zahlreichen Beteiligungs- und Tochterunternehmen im In- und Ausland Frauen und Männer aus dem europäischen Ausland als Zwangsarbeiter verpflichtet. Die Behandlung dieser Menschen unterschied sich entsprechend dem rassistischen Weltbild der Nationalsozialisten je nach Herkunft. Am schlechtesten behandelt wurden Arbeiterinnen und Arbeiter aus dem Osten Europas. Vor allem Westeuropäer konnten sich in ihrer Freizeit relativ frei in der Stadt bewegen. Osteuropäer wurden meist sehr rigide überwacht, wie schon die Umzäunung des Lagers zeigt. Es gibt nur wenige Fotografien, die die Arbeit und das Alltagsleben dieser Menschen dokumentieren. Aufgenommen hat sie der holländische Zwangsarbeiter Jacobus van Ijzerloo. Sie stammen aus dem Privatbesitz seines Sohnes.

Zerstörungen

Mehrere Angriffe alliierter Bomber im Jahr 1943 und im Frühjahr 1945 trafen die Gebäude von Carl Zeiss und Schott in Jena. Die Flieger-angriffe vom 17. und 19. März 1945 wirkten sich verheerend auf das Hauptwerk, das Südwerk und die Altstadt aus. Dabei kamen mehr als 700 Menschen ums Leben. Aus einem Luftschutzbunker unter einer zerbombten Fabrikhalle konnten 15 verschüttete Niederländer nicht gerettet werden.

ZWEI UNTERNEHMEN IM GETEILTEN LAND

1945–1990

Amerikanische Truppen nahmen 1945 führende Wissenschaftler und Ingenieure mit in ihre Besatzungszone, wo diese ein neues Unternehmen aufbauten. Zunächst geschah das in Zusammenarbeit mit Jena, ab 1953 im Konflikt um Namens- und Warenzeichen.

Trotz der sowjetischen Demontage gelang der Wiederaufbau in Jena überraschend schnell. Seit Mitte der 1960er-Jahre war der VEB Carl Zeiss Jena ein bevorzugter Ort für Investitionen, die den Export in die Sowjetunion fördern sollten. Auch das westdeutsche Unternehmen nahm in seiner Hemisphäre eine Führungsrolle ein. Als jedoch Zeiss Ikon Ende der 1960er-Jahre in eine schwere Krise geriet, war davon auch der Mutterkonzern betroffen. Erst allmählich erholte man sich davon.

Der Zusammenbruch des Ostblocks und die damit mögliche Wiedervereinigung traf alle Seiten unvorbereitet.

Das Landgericht Stuttgart
hat heute um 11 Uhr den Prozeß
zu Gunsten der Fa. Carl ZEISS
Oberkochen entschieden.

Demontage

Im Juni 1945 nahmen die amerika-
nischen Besatzungstruppen 77 führende Mitarbeiter und eine Menge
an Unterlagen mit in ihre Besatzungszone. Dort wurde ein neues
Werk in Oberkochen aufgebaut.
Die sowjetische Besatzungsmacht
ließ die Fabriken in Jena zunächst
auf Hochtouren laufen und dokumentierte die Arbeitsprozesse im
Detail. Am 22. Oktober 1946 wurde
überraschend die fast vollständige
Demontage des Werkes bekannt
gegeben. 275 Zeissianerinnen und
Zeissianer wurden an verschiedene
Orte der Sowjetunion deportiert.
Im Unterschied zu vielen anderen
Demontagen, wo das demontierte
Material nie seinen Bestimmungs-
ort erreichte, gelang es in diesem
Fall, funktionierende Fabriken
aufzubauen.

Aufbau in Oberkochen

Nach der Gründung des Betriebes in Oberkochen erlebte Carl Zeiss im Westen einen beeindruckenden Aufschwung. Als Bundespräsident Theodor Heuss am 1. Mai 1954 Oberkochen besuchte, hatte man den ersten Teil des Neuaufbaus geschafft. Neben die schon vorhandenen Fabrikbauten waren neue getreten. Und auch beim drängendsten Problem, dem Wohnungsbau, war man ein gutes Stück vorangekommen. Der Bundespräsident resümierte: „Die Verpflanzung ist geglückt." Diese Worte wogen umso mehr, als der Württemberger Heuss ein Kenner der Materie war: Er hatte sich intensiv mit Ernst Abbe und der Carl-Zeiss-Stiftung beschäftigt.

Produktion West

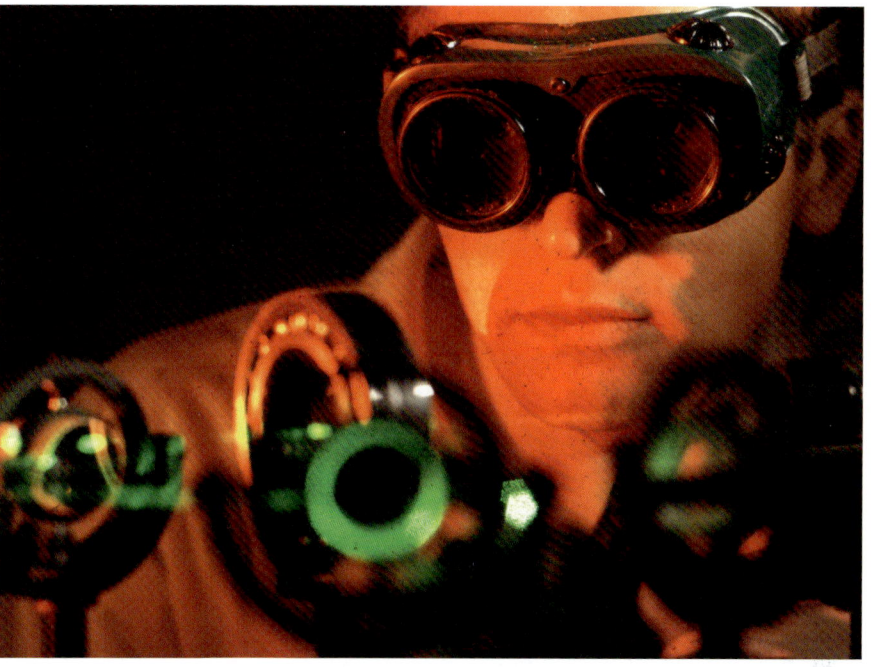

Der Schweizer Industrie- und Werbefotograf René Groebli ist für seine beeindruckenden Aufnahmen betrieblicher Produktionsprozesse bekannt. Auch in Oberkochen, Wetzlar und Göttingen fotografierte er. Der Künstler verstand es, Produktionsanlagen, Werkbänke, Arbeitsplätze und Versuchslabore aus einem anderen Blickwinkel zu zeigen. Manche Bilder wirken durch ihre Komposition und Lichtspiele wie Renaissance-Gemälde.

1846–1918

1918–1945

1945–1990

1990–2021

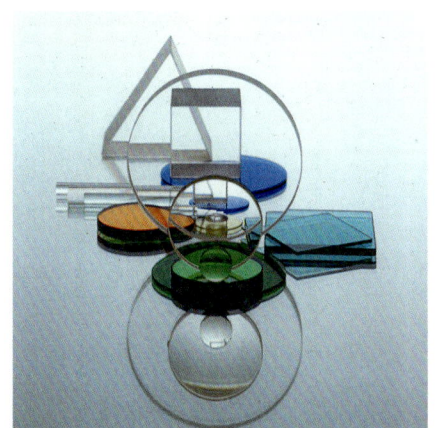

Wolfgang Schröter war Professor für angewandte Fotografie an der Leipziger Universität. Ihn interessierte vor allem die experimentelle Fotografie. Die Geräte von Carl Zeiss Jena und auch die Optik- und die Gerätefertigung boten ihm unzählige Möglichkeiten, neue Techniken und Sichtweisen zu erproben. Häufig zierten seine Bilder die Titelseiten der „Jenaer Rundschau", des Kundenmagazins des VEB Carl Zeiss Jena.

Werbung in der DDR

CARL ZEISS JENA

VEB Carl Zeiss JENA

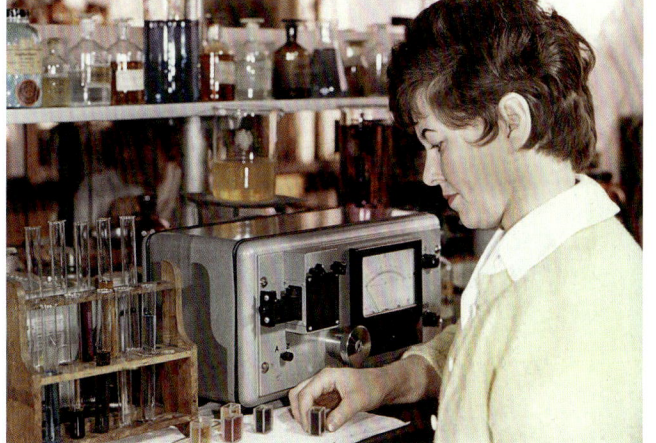

Werbung und Produktdesign aus Jena unterschieden sich in den 1950er- und 1960er-Jahren nicht wesentlich vom Westen. Für die Werra, den einzigen Fotoapparat, der von Carl Zeiss Jena direkt hergestellt worden ist, wurde eine farbenfrohe und lebhafte Kampagne mit klarem Design im Stil der Zeit aufgelegt. Die Produktgestaltung erledigten nun nicht mehr die Ingenieure nebenbei, sondern es gab Designer, die sich um eine klare Linie und um Wiedererkennbarkeit sorgten.

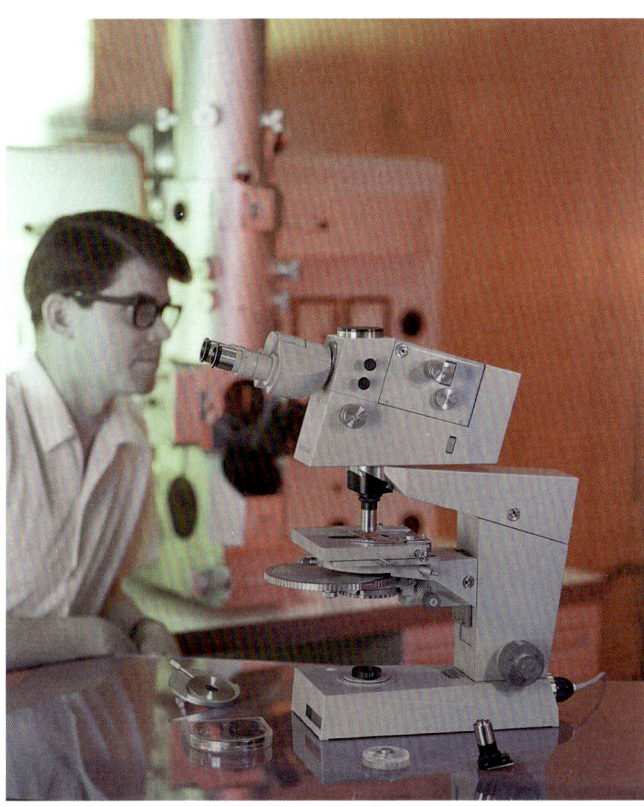

Im Westen vollzog sich derweil der Wandel vom Anbietermarkt hin zum Konsumentenmarkt. Insbesondere die Käufer von Brillen wurden intensiv umworben. Dem Spiel mit gegenwärtigen Moden und neuem Design waren fast keine Grenzen gesetzt. Bei anderen Produktgruppen blieb die Werbung sachlich und die Zweckmäßigkeit stand im Mittelpunkt. Auch diese Produkte wurden einem intensiven Gestaltungsprozess unterzogen, wobei die Funktionalität das zentrale Kriterium blieb.

Deutsche Niederlassungen

Die Niederlassungen sind die wichtigste Kontaktstelle zwischen Unternehmen und Kunden. Sie waren immer im Stil der jeweiligen Zeit gestaltet. Hier sind auf einigen Bildern Karteien zu sehen. Zur damaligen Zeit waren das die wichtigsten Hilfsmittel zur Organisation des Vertriebs. Besonderer Wert wurde auf die repräsentativen Bereiche gelegt, wie das Büro des Leiters oder die Räume, in denen die Gespräche mit den Kunden stattfanden.

Zeiss in der Welt

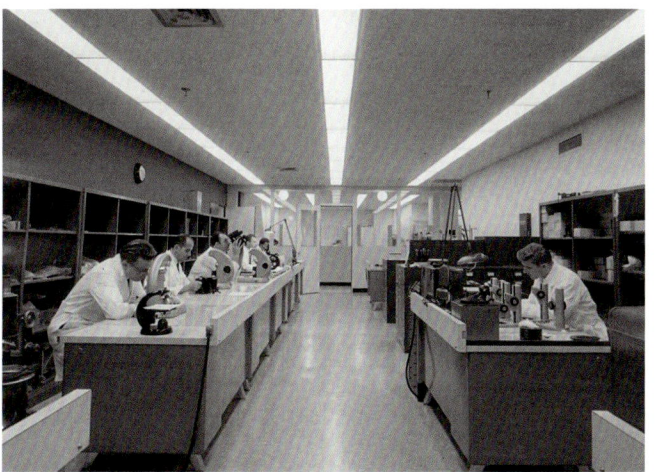

This is the most versatile camera microscope

It is the Carl Zeiss Ultraphot II. If you want a microscope that will do just about everything and is easy to operate, this is the one you ought to choose.

It gives you the highest degree of performance yet attained in photomicrography. Once the image is focused, at the touch of a button, the automatic camera produces sharp and properly exposed photomicrographs. Sheet film 4 x 5", 35mm roll film, or Polaroid film can be used. The camera head can be substituted for ground glass screen for projection viewing.

The camera microscope has a unique illuminating system you can work with reflected or transmitted light or use both simultaneously.

A choice of three light sources is available: tungsten filament bulb, high pressure mercury burner, carbon arc lamp with automatic feed.

The tube head is provided with a quintuple revolving nosepiece for the objectives and the built-in "Optovar" which increases the magnification by 1.25x, 1.6x, or 2x. Therefore no additional eyepieces are required. The binocular tube is equipped with an interpupillary distance adjustment device and can be corrected for ametropia.

A full complement of accessories makes it possible to do any kind of study in your specialty. Write for more detailed information. **Complete service facilities available.**

CARL ZEISS WEST GERMANY   The Symbol of World Famous Optics

Carl Zeiss, Inc., 444 Fifth Ave., New York 18, N.Y.

As appearing in Analytical Chemistry
Prepared by G. M. Basford Company   ZEI-1061

Nach dem Zweiten Weltkrieg musste das Auslandsgeschäft neu aufgebaut werden. Viele Niederlassungen waren enteignet oder geschlossen worden. In einigen Ländern wie den USA wurde zum dritten Mal eine neue Filiale gegründet. Schnell erreichte das Netz von Carl Zeiss Oberkochen wieder den Umfang der Vorkriegszeit. Der Export wurde zum Zugpferd für das Unternehmen.

Leipziger Messe

zision für Hochtechnologien

Die Leipziger Messe ist eine der ältesten Messen der Welt. Sie war auch das Schaufenster der Industrie der DDR, das von der politischen Führung des Landes zur Selbstdarstellung genutzt wurde. Das Kombinat VEB Carl Zeiss Jena hatte dort immer einen großen Messestand, später sogar einen eigenen Pavillon. In manchen Geschäftsbereichen wurde fast die gesamte Jahresproduktion auf dieser Messe abgesetzt.

1846–1918

1918–1945

1945–1990

1990–2021

Als Alternative zur Leipziger Messe gegründet, wurde die Hannover Messe zum Aushängeschild der westdeutschen Industrie. In den ersten Jahren war sie primär eine Exportmesse, weswegen auch optische Geräte gezeigt wurden. Auf dem Bild links begutachtet der langjährige Wirtschaftsminister und „Vater" des deutschen Wirtschaftswunders Ludwig Erhard die Ferngläser von Carl Zeiss West. Auch für die ostdeutsche Industrie war diese Messe von zentraler Bedeutung für den Export in den Westen.

1846–1918

1918–1945

1945–1990

1990–2021

Prominente Besucher in Jena

Für die Sowjetunion war die Technologie von Carl Zeiss Jena von besonderer Bedeutung. Zunächst waren es optische Geräte, dann wurden Bandspeicher in großen Stückzahlen geliefert. Seit den 1970er-Jahren nahmen die Stückzahlen bei der Militäroptik und der Ausrüstung zur Herstellung von Mikrochips zu. Daher fanden sich immer wieder auch Prominente aus der Sowjetunion in Jena ein. Darunter auch Juri Gagarin, der als erster Mensch in den Weltraum flog, und Leonid Breshnew, Staatschef der Sowjetunion.

Ausbau in Jena

Ende der 1960er-Jahre wurden in Jena gleichzeitig mehrere Großinvestitionen getätigt, die das Stadtbild veränderten. Der zentrale runde Turm (im Volksmund „Keksrolle" genannt) entstand für das Forschungszentrum, musste aber noch vor Fertigstellung an die Universität abgegeben werden. Im Südwerk wurde der Bau 6/70 errichtet, der auf sechs Geschossen eine Nutzfläche von mehr als 100.000 Quadratmetern hat. Zugleich baute man im Süden der Stadt ein neues Werk zur Fertigung von Bandspeichern auf. Dazu kam ein sehr großes Ausbildungszentrum für Lehrlinge. In Lobeda und Winzerla entstanden komplett neue Wohnquartiere für die vielen neuen Mitarbeiter.

Zeiss Ikon in der Krise

1956 wurde von der Carl-Zeiss-Stiftung die Voigtländer AG in Braunschweig erworben und in die Zeiss Ikon AG eingebracht. Damit war Zeiss Ikon einer der größten Kamerabauer der Welt. Noch Mitte der 1960er-Jahre fühlte man sich als unbestrittener Technologieführer. Doch die japanische Kameraindustrie holte rasch auf und wurde insbesondere im Bereich der Elektronik zum Marktführer. Innerhalb weniger Jahre war Zeiss Ikon in seinem Kerngeschäft, dem Kamerabau, nicht mehr konkurrenzfähig. Zeiss Ikon und auch die Voigtländer AG wurden bis auf wenige Reste geschlossen.

Olympische Spiele

Die Olympischen Spiele waren vor 1990 nicht nur ein Wettkampf von Athleten und Staaten. Auch die beiden Zeiss Unternehmen wetteiferten miteinander. 1972 erhielten alle westdeutschen Sportlerinnen und Sportler in München Sonnenbrillen von Carl Zeiss Oberkochen. Die Weitenmesstechnik stammte bei diesen Olympischen Spielen von der Ostalb. 1984 in Los Angeles setzte sich die Messtechnik aus Jena durch. Da diese Olympischen Spiele von der Sowjetunion und ihren Verbündeten boykottiert wurden, war Carl Zeiss Jena einer der wenigen Repräsentanten des Ostblocks.

Optikerläden in Ost und West

In der Gestaltung der Optikerläden lassen sich die unterschiedlichen Orte und Zeiten erkennen. Während sich im Westen seit den 1980er-Jahren (rechts oben) ein kühler ästhetisierender Stil durchsetzte, blieben die Läden im Osten eher traditionell. Dem Kunden begegnete man über die Theke. Neu im Osten war, dass man auch fahrbare Optikerläden für Entwicklungsländer baute und ein eigenes Netz von Industrieläden in der DDR unterhielt, welche neben Brillen auch Ferngläser und Fotokameras samt Zubehör anboten.

Brillenproduktion

Für die Fertigung von Brillengläsern wurde in Aalen, der Oberkochen nächstgelegenen größeren Stadt, eine eigene Fabrik errichtet. Die Konkurrenz auf diesem Gebiet nahm beständig zu, sodass es gerade hier auf Innovationen ankam: Beschichtungen der Gläser für die Reflexionsfreiheit und für die Kratzfestigkeit. Die bedeutendsten Veränderungen waren die Gleitsichtbrillen und die Herstellung von Gläsern nach individuellen Anforderungen. Um konkurrenzfähig zu bleiben, muss die Fertigungstechnologie immer wieder modernisiert werden.

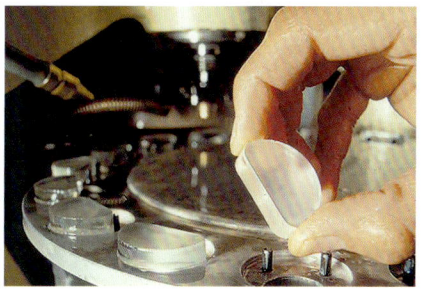

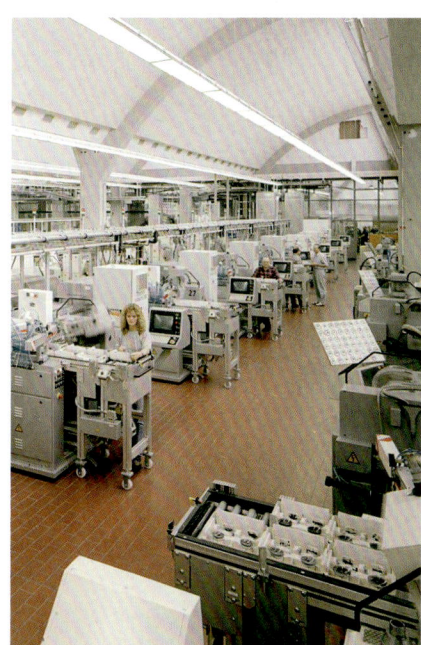

Astronomische Geräte

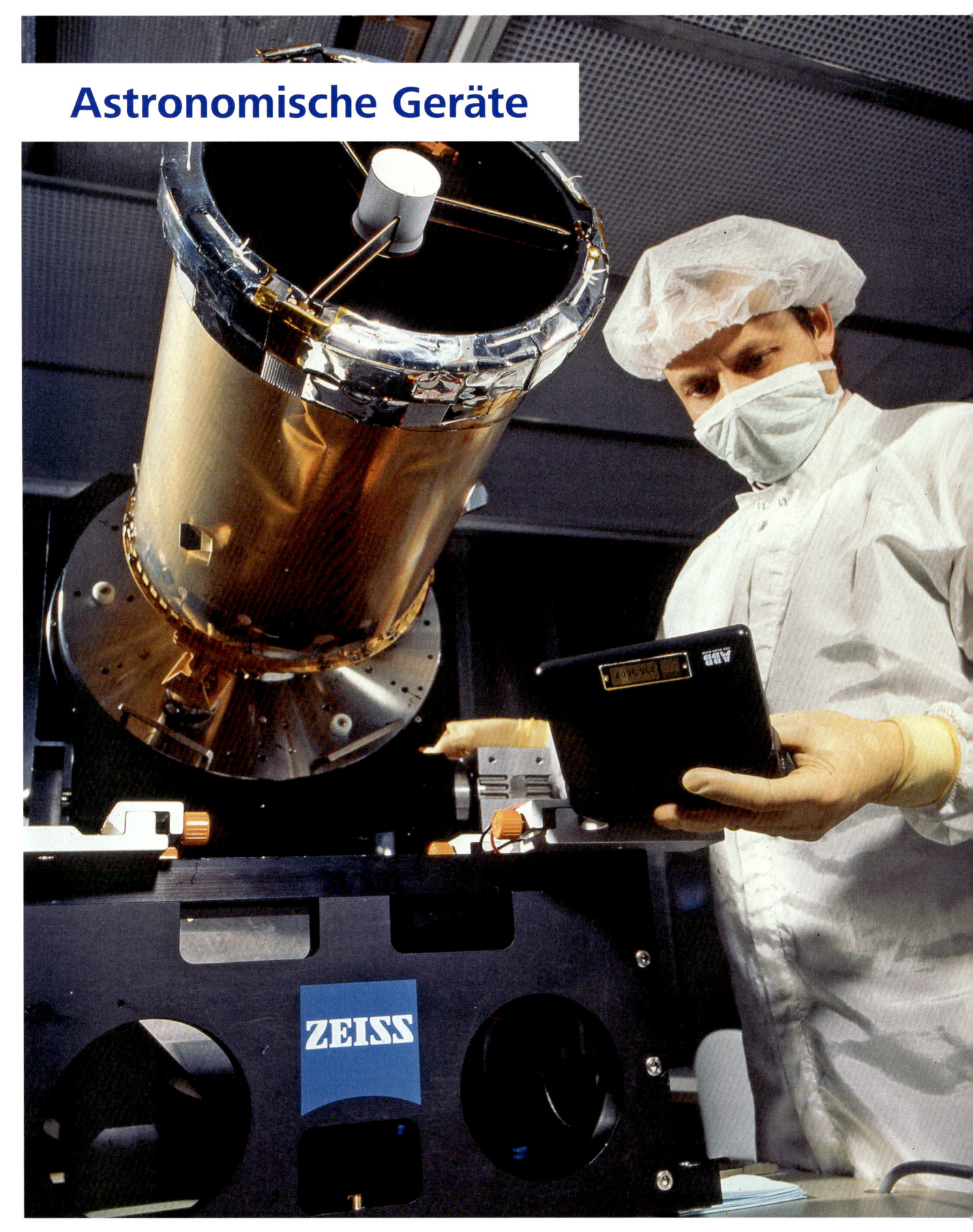

Ernst Abbe, als Hochschullehrer auch Leiter der Jenaer Sternwarte, hatte den Herzenswunsch, dass Carl Zeiss auch astronomische Geräte herstellte. Höhepunkte in der Geschichte dieses Bereiches waren mehrere 2-Meter-Spiegelteleskope aus Jena und ein 3,5-Meter-Teleskop aus Oberkochen für die Europäische Südsternwarte in Chile (New Technology Telescope). In den 1990er-Jahren kam eine Reihe von Röntgen-Weltraumteleskopen hinzu, bevor das schwierige Geschäft aufgegeben werden musste.

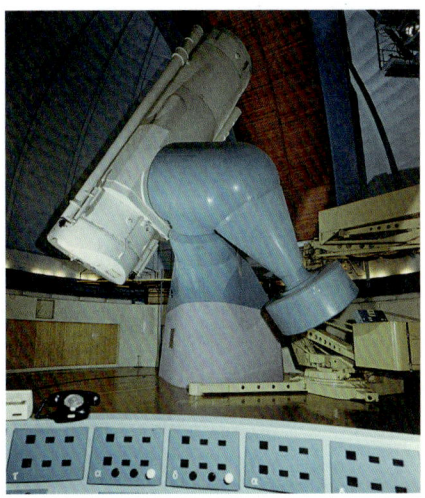

Planetariumsbauten

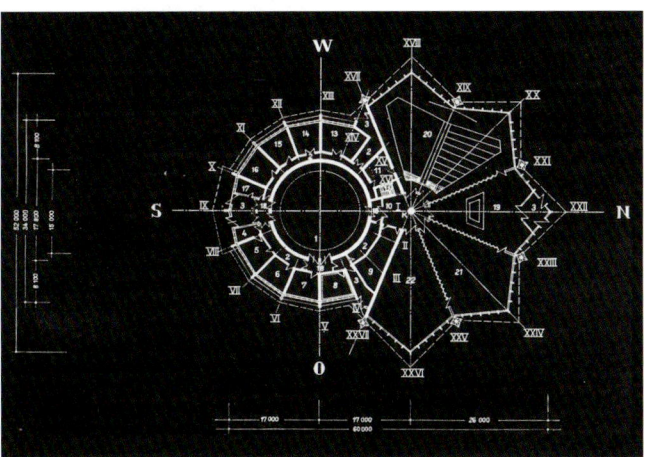

Die Stabgitterbauweise von Walther Bauersfeld machte den Bau von großen Kuppeln möglich. Seit den 1980er-Jahren trat Carl Zeiss Jena als Systemanbieter auf, der nicht nur die Projektoren, sondern auch die Gebäude inklusive Innenausstattung wie zum Beispiel Astronomie-Museen lieferte. In dieser Zeit entstanden in Ost und West architektonisch anspruchsvolle Bauwerke (S. 106 unten Tripolis, S. 107 unten links Wolfsburg). Auch andere Architekten nutzten diese Technik souverän (S. 106 oben Valencia).

Mikroelektronik in der DDR

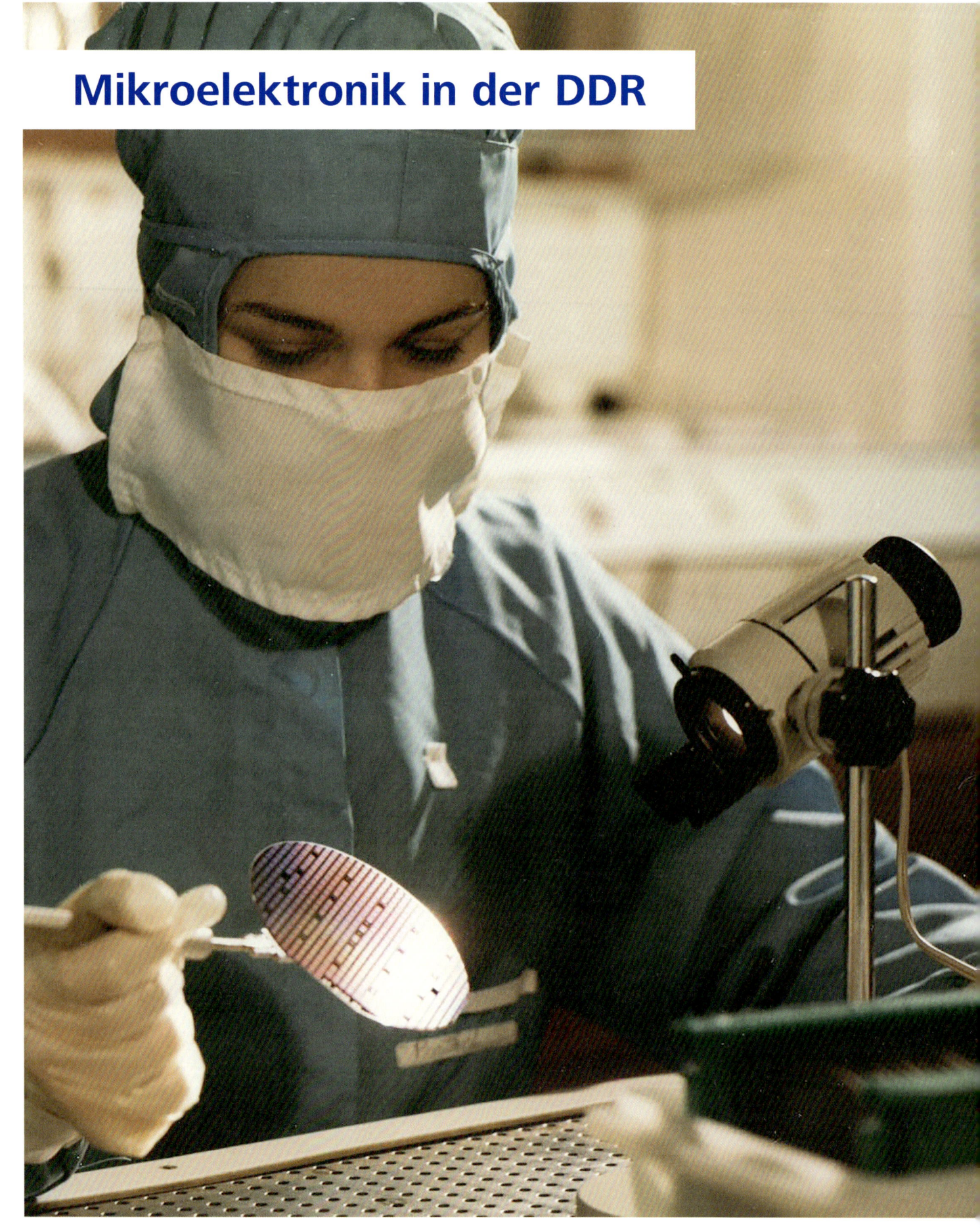

Eines der großen Prestigeprojekte der DDR in den 1980er-Jahren war die Entwicklung kompletter Ausrüstungen zur Herstellung von Megabit-Chips. Das Kombinat VEB Carl Zeiss Jena fungierte hierbei als Leitbetrieb. 1989 wurden erste Prototypen dieses Chips gezeigt und mit großem Pomp gefeiert. Hinter den Kulissen basierte der Erfolg jedenfalls teilweise auf Maschinen, die illegal aus dem Westen importiert worden waren. Aber auch mit dem Know-how aus dem kapitalistischen Ausland blieb eine Massenproduktion von Chips in weiter Ferne.

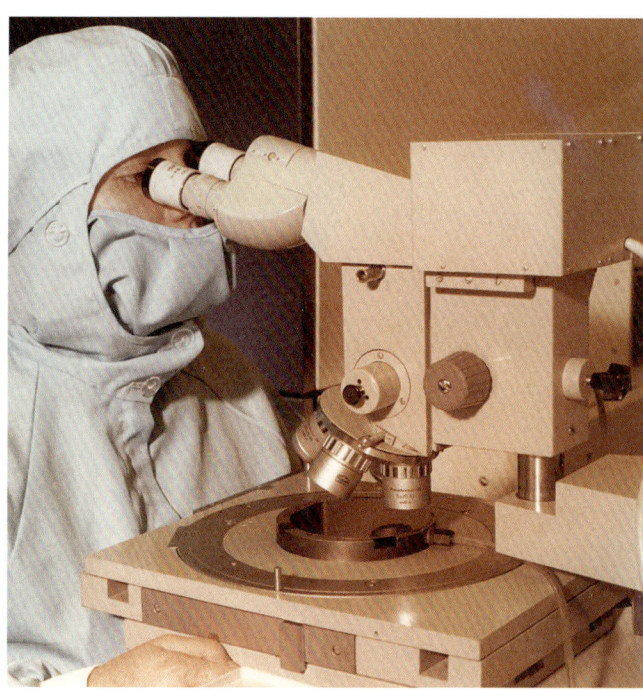

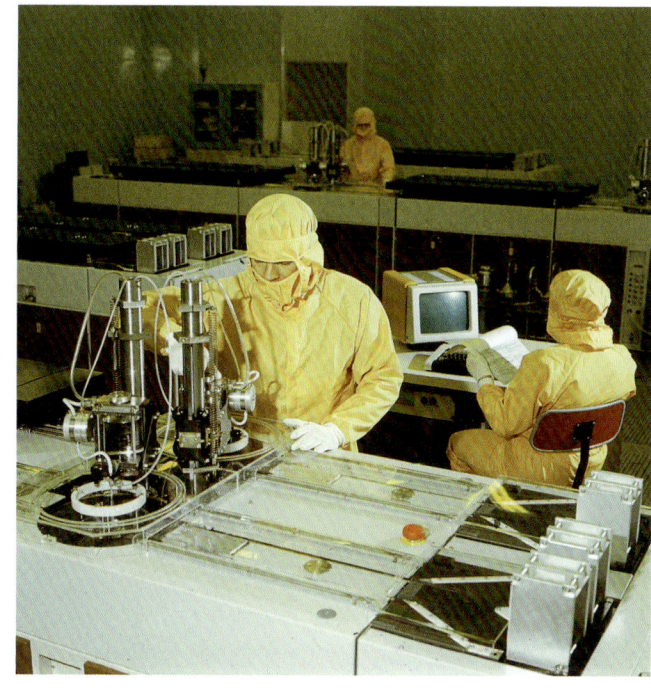

Die „STAATSMACHT" soll sich mehr und mehr aus Geisteskultur und Wirtschaft zurückziehen

im RECHTSSTAAT Wahrung gleicher Rechte für den mündigen Bürger

Lange war es in der DDR relativ ruhig geblieben, nachdem es in den Nachbarländern schon länger gebrodelt hatte. Im Herbst 1989 brach sich dann der Unmut Bahn. Zunächst in Leipzig und Berlin, dann auch in anderen Städten wie Jena wurde gegen das Regime protestiert, das in kürzester Zeit in sich zusammenbrach. Bald schon gewann aber die Sorge um die Arbeitsplätze die Oberhand. Von den mehr als 25.000 Beschäftigten in Jena und Umgebung verblieben schließlich nur 1.500 bei der Carl Zeiss Jena GmbH. Viele kamen in anderen Betrieben unter, dennoch war die Arbeitslosigkeit eines der größten Probleme der nächsten Jahre.

INTERNATIONALES WACHSTUM

1990–2021

Schon unmittelbar nach dem Fall der Mauer war klar, dass die Unternehmen in West und Ost, die so viel gemeinsam hatten, zusammengehen mussten. Der Weg dorthin war schwierig.

Das vereinigte Unternehmen geriet Mitte der 1990er-Jahre in eine Krise. Durch tiefe Einschnitte bei der Mitarbeiterzahl und beim Produktsortiment gelang es, ZEISS wieder auf Erfolgskurs zu bringen.

2004 trat die Reform der Carl-Zeiss-Stiftung in Kraft. ZEISS wurde in eine Aktiengesellschaft umgewandelt, die zu 100 Prozent der Stiftung gehört. Die Sparten wurden in den nächsten Jahren zu eigenständigen Tochterunternehmen. Diese Veränderungen machten den Weg frei für verstärktes Wachstum und die Globalisierung des Unternehmens.

Welt der Optik

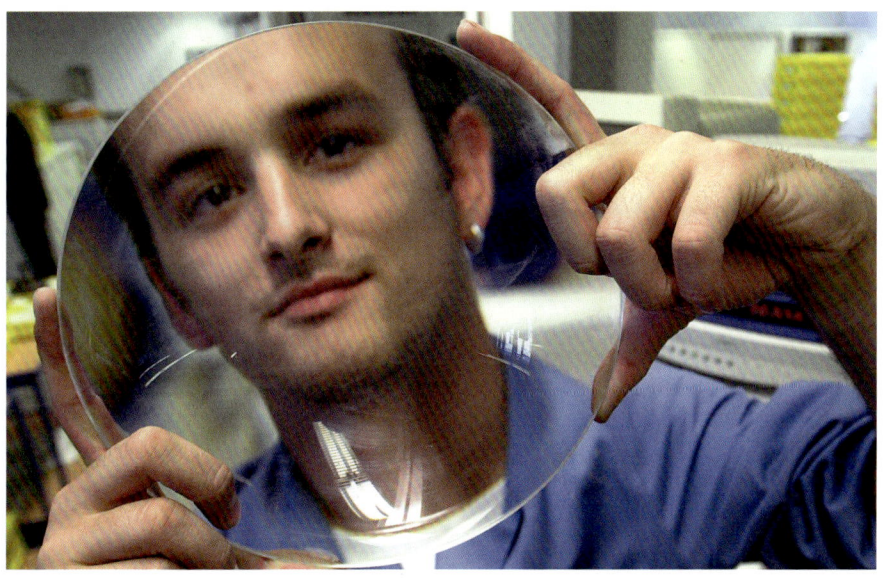

Jan-Peter Kasper ließ sich, wie andere Fotografen auch, immer wieder von der Welt der Optik faszinieren. Einige seiner Aufnahmen zeigt diese Doppelseite. Aus einer relativ einfachen Waschmaschine für Brillengläser (rechts oben) wird dank der Spiegelungen und Reflexionen ein geheimnisvoller Ort.

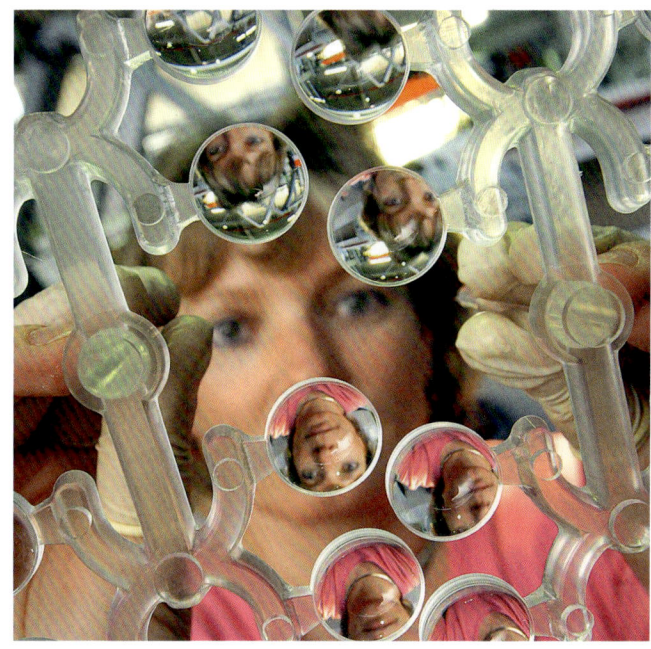

1846–1918

1918–1945

1945–1990

1990–2021

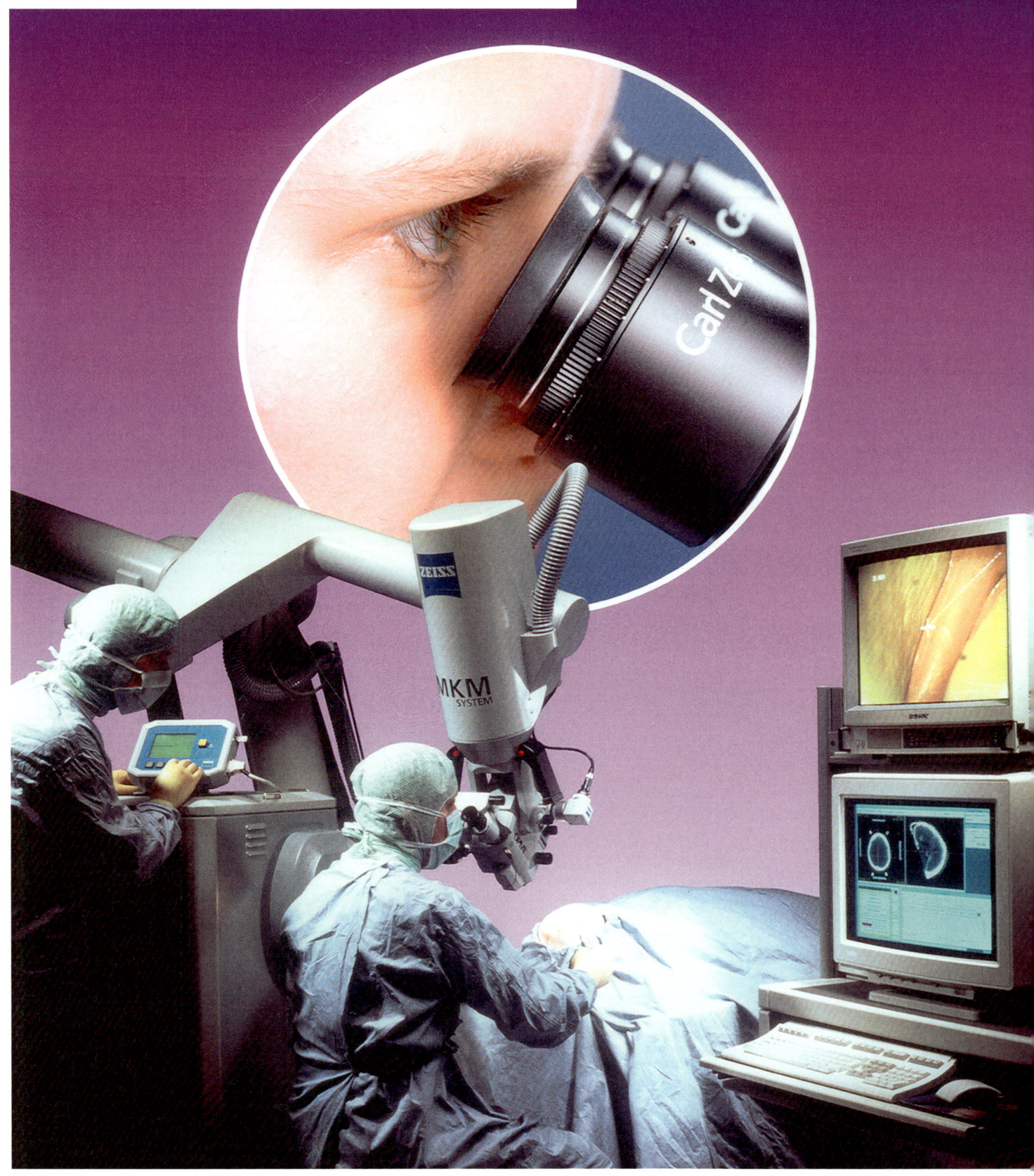

Produkte der 1990er

Wie sollte man aus der Krise kommen, in der sich Mitte der 1990er- Jahre der gesamte Konzern befand? „Neue Produkte, innovative Verfahren, an die Spitze des technischen Fortschritts" – mit diesem Rezept hatte Carl Zeiss schon manche Krise überwunden. Und auch jetzt setzte man vor allem auf Innovation. Einige Geschäftsbereiche, die zu klein und dauerhaft unrentabel waren, wurden geschlossen. Umso intensiver wurde in die Geschäfte investiert, die technologisch interessante Perspektiven boten und einen dauerhaften Aufschwung versprachen.

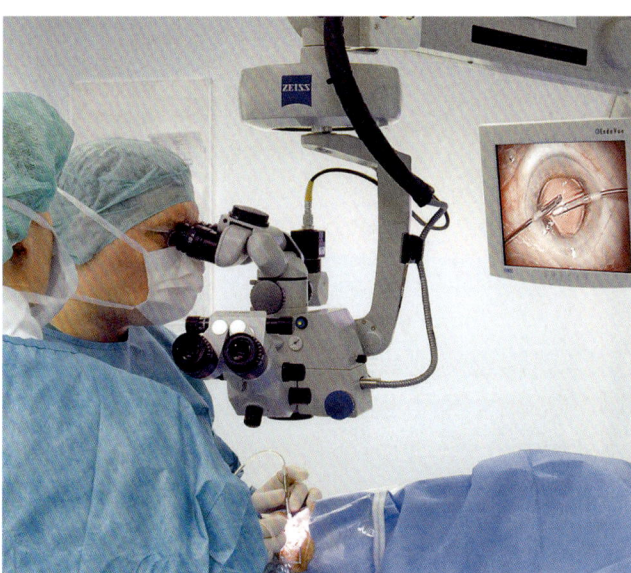

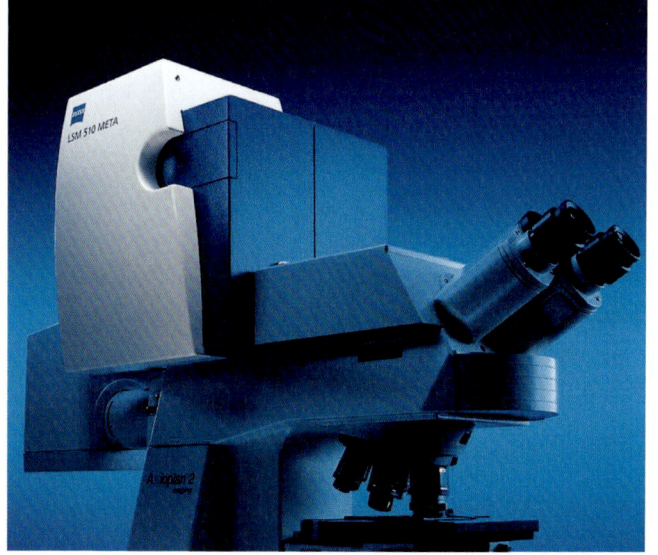

Halbleiteroptik

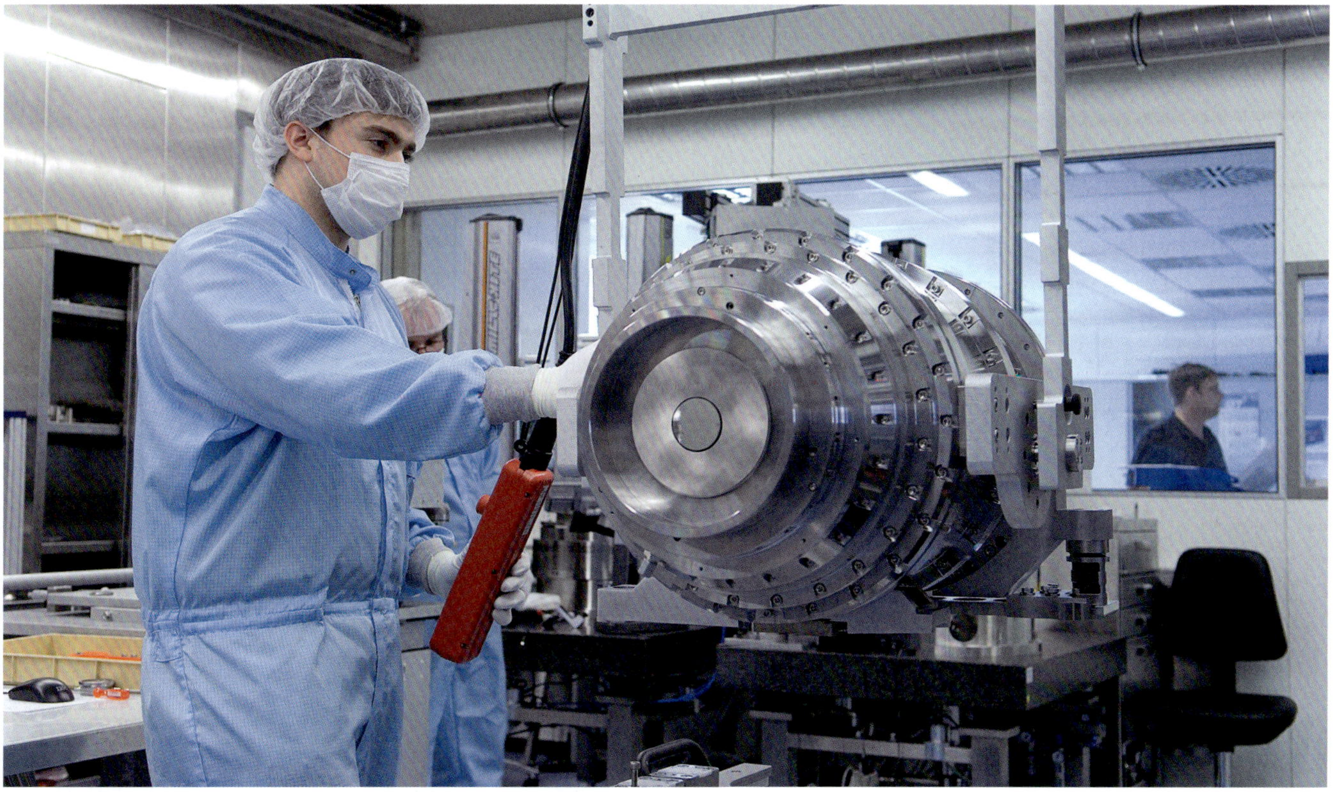

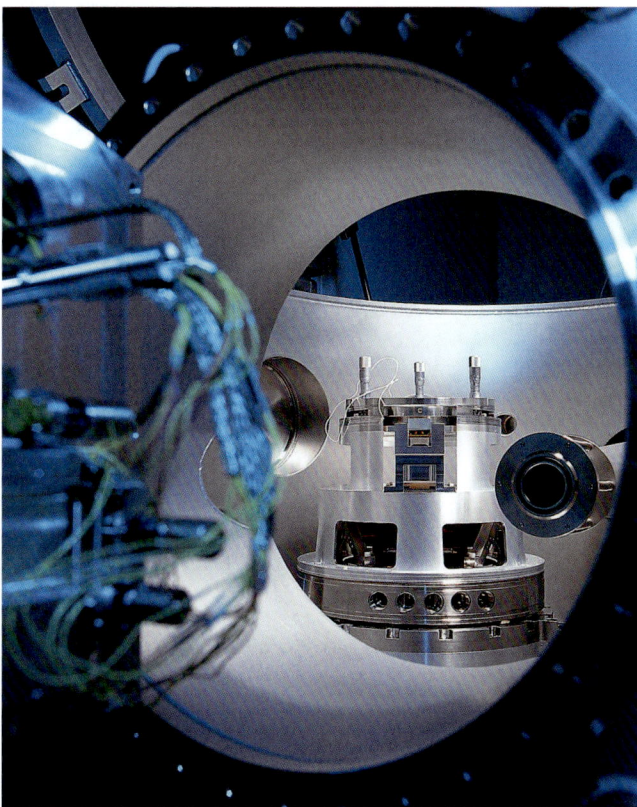

Wachstum und damit Arbeitsplätze erzeugte Mitte der 1990er-Jahre vor allem die Halbleiteroptik. Lange hatte man die Optiken zur Herstellung von Mikrochips an verschiedene amerikanische und europäische Spezialmaschinenbauer geliefert. In den 1990er-Jahren war neben den japanischen Herstellern, die ihre Optik selbst bauten, nur noch der holländische Hersteller ASML geblieben, mit dem man eine dauerhafte und äußerst erfolgreiche Partnerschaft einging.

Ferngläser und Spektive

Ferngläser und Spektive von ZEISS haben einen legendären Ruf, der auf Innovationen beruht, die die Grenzen des technisch Möglichen ständig erweitert haben. ZEISS bietet heute Geräte für unterschiedlichste Bedürfnisse – vom Spezialfernglas zur Beobachtung in der Dämmerung und bei Nacht bis zum Kompaktfernglas für den täglichen Gebrauch. Spektive von ZEISS ermöglichen detailgetreue und facettenreiche Wiedergabe, weite Sehfelder und atemberaubende Vergrößerungen.

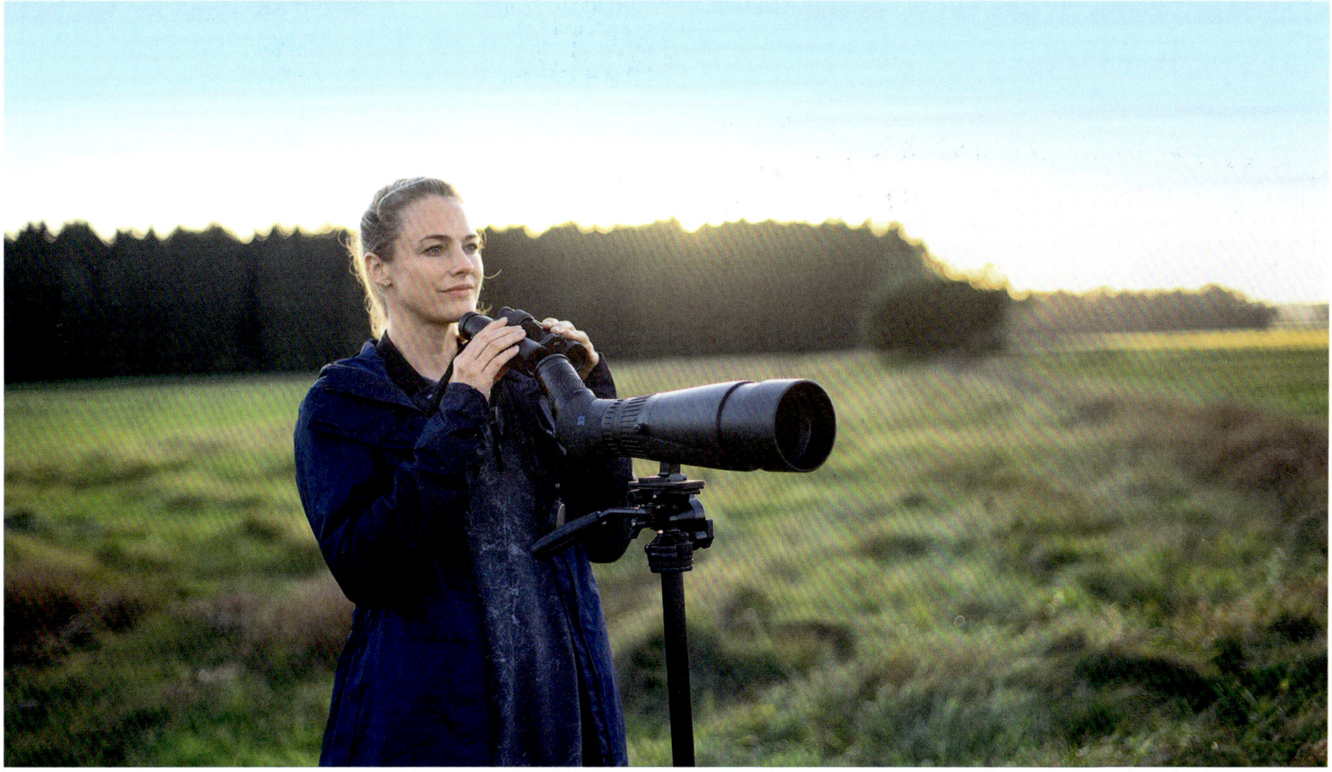

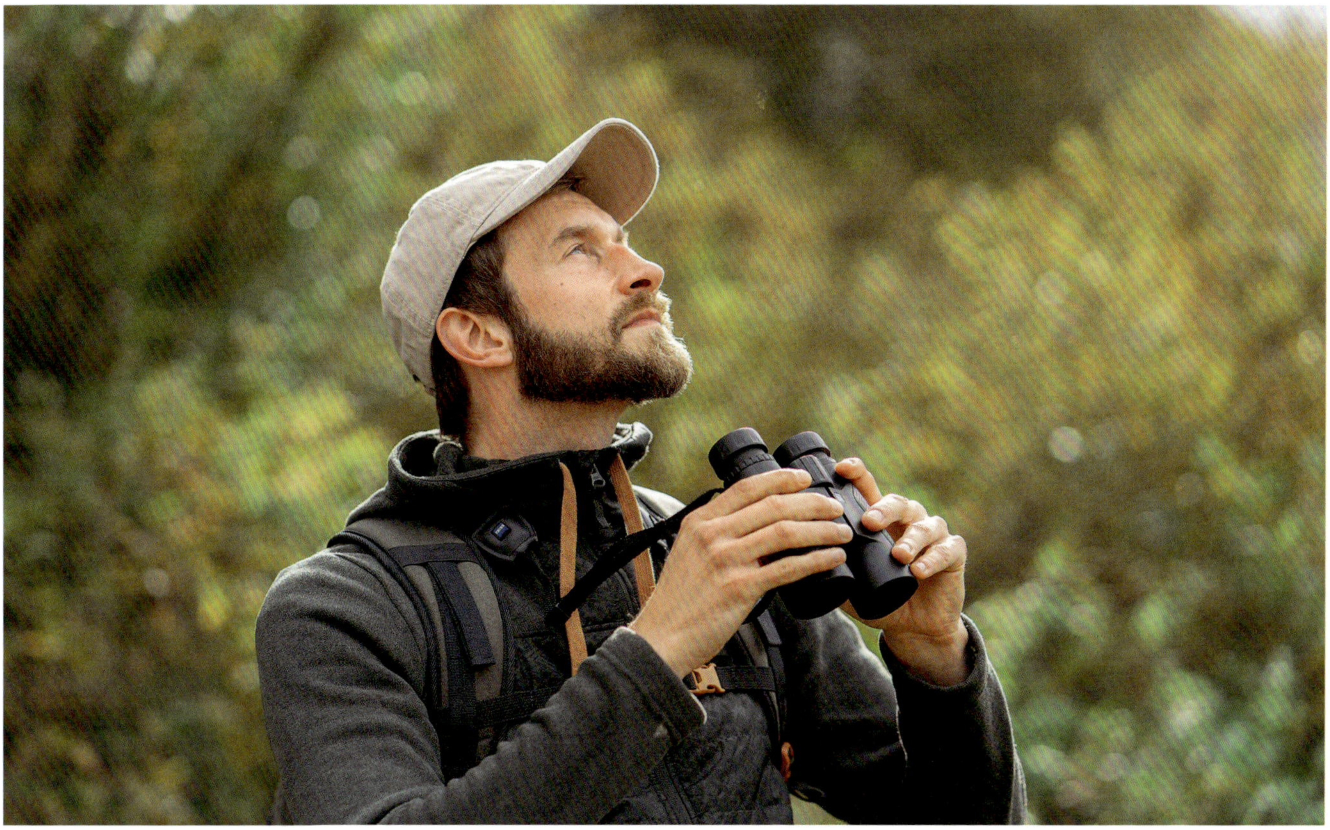

Objektive für Film, Foto und Industrie

Millionen Fotografen weltweit setzen Objektive von ZEISS ein, um unvergessliche Augenblicke und Geschichten festzuhalten. Für die mobile Fotografie arbeitet ZEISS mit Partnern an Bildgebungssystemen, die aus Smartphones Hochleistungskameras werden lassen. Filme, die mit ZEISS Objektiven produziert werden, faszinieren Zuschauer weltweit. Sie erleben bewegende Momente im einzigartigen ZEISS Look im Kino, beim Streaming und im TV. Für industrielle Anwendungen sind ZEISS Objektive wichtiges Werkzeug, z.B. für Industrie 4.0 und Qualitätskontrolle.

ZEISS Industrial Quality Solutions (IQS)

ZEISS IQS bietet seinen Kunden flexible und zukunftssichere Lösungen für die Qualitätssicherung. Das Portfolio reicht von taktilen, optischen und multisensorischen Messmaschinen, Röntgenmesssystemen, Industrieller Mikroskopie, Software-Lösungen bis hin zu technischem Service und Support, Dienstleistungen und Schulungen in mehr als 60 Quality Excellence Centern und einer weltweit agierenden Sales und Service Organisation. ZEISS IQS ist Partner für Produktivität und Qualität in verschiedenen Industrien wie Automobil – hier mit Fokus auf elektrische Antriebe –, Medizintechnik, Elektronik und Luftfahrt.

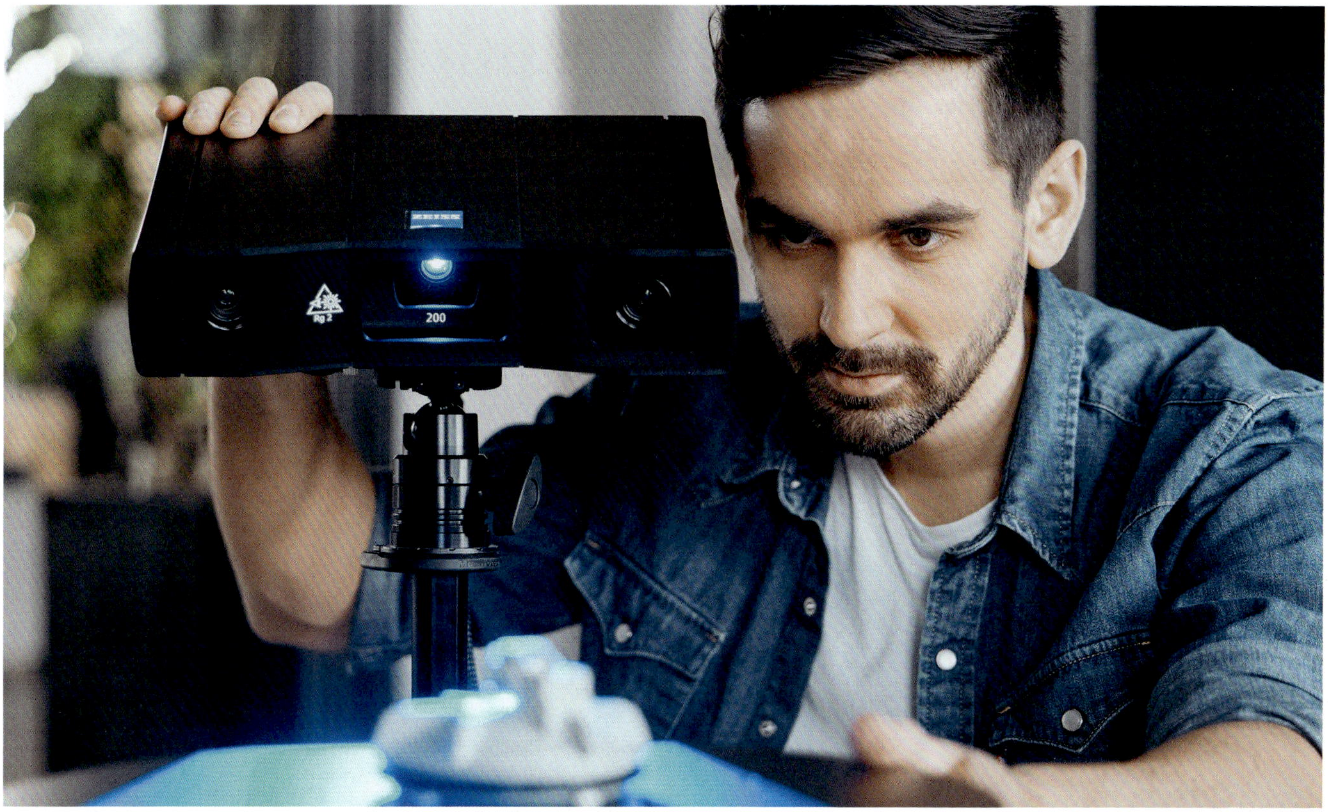
200

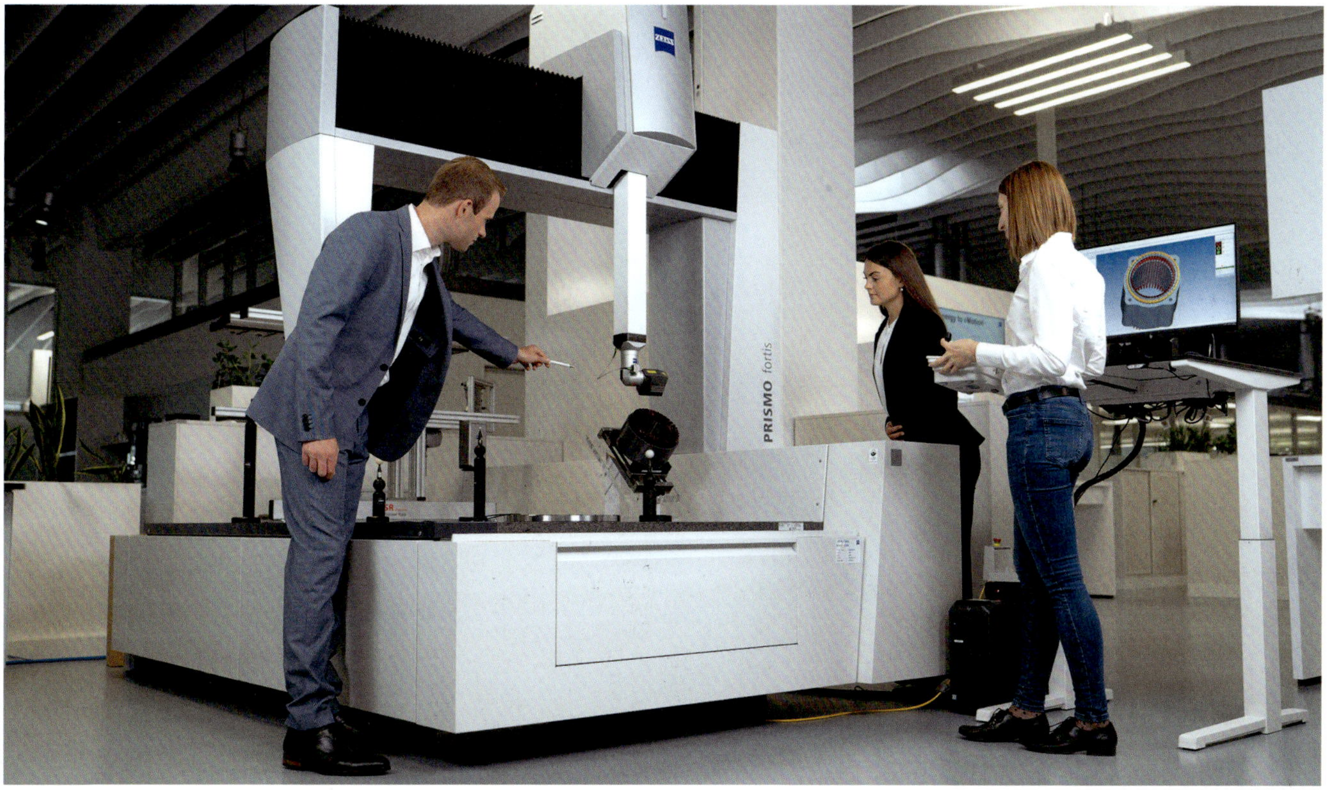
PRISMO fortis

Research Microscopy Solutions

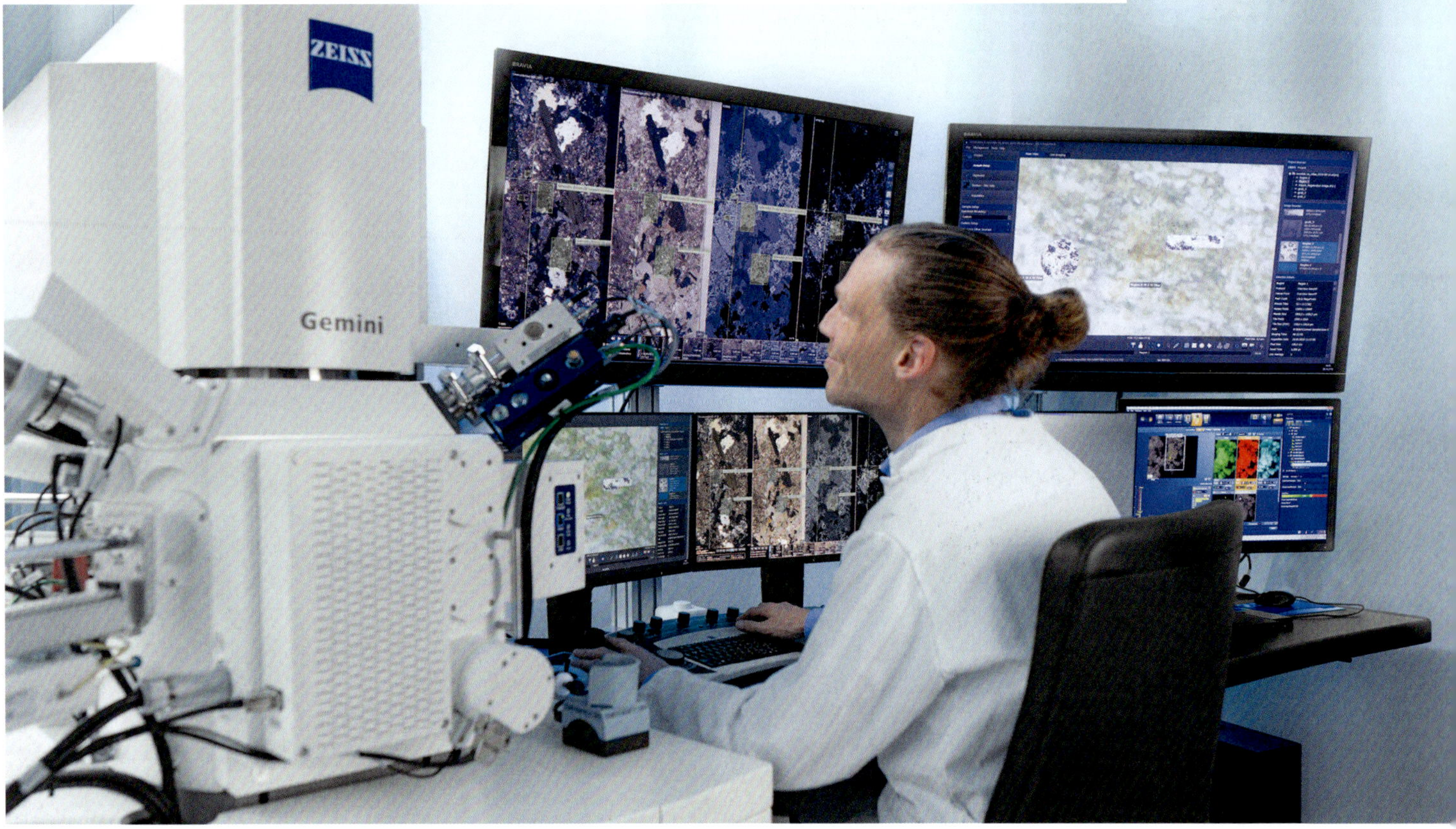

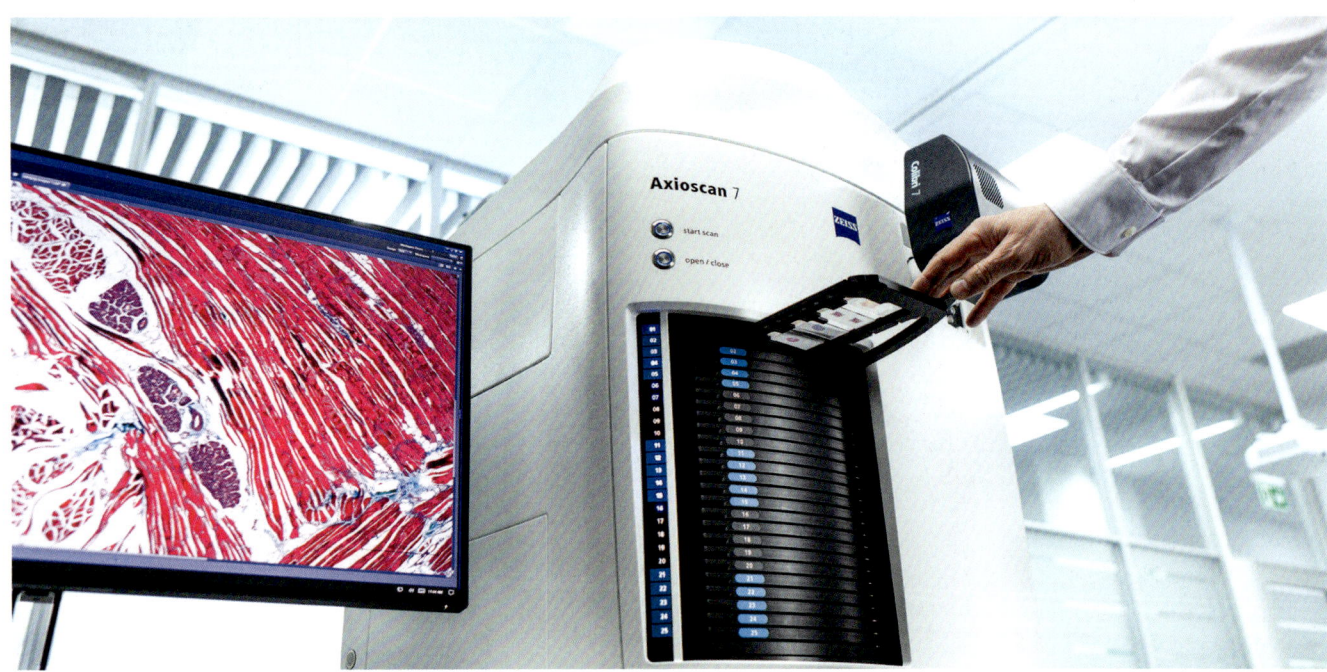

Schon Ernst Abbe vermutete, dass die Mikroskope der Zukunft nicht mehr so aussehen würden wie die ihm bekannten. In den letzten Jahrzehnten hat ZEISS Innovationen im Bereich verschiedener Technologien hervorgebracht: Licht-, Elektronen-, Heliumionen- und Röntgenmikroskopie. Das Zusammenspiel dieser Mikroskopierverfahren, digitale Lösungen und künstliche Intelligenz gewinnen zunehmend an Bedeutung.

Mikrochirurgie

Für die Mikrochirurgie bietet ZEISS Komplettlösungen zur Visualisierung minimal-invasiver chirurgischer Behandlungen (z.B. Neuro, HNO, Wirbelsäule, Dental). Intraoperative Diagnostik verbessert chirurgische Eingriffe durch die Bereitstellung von Informationen, die für das menschliche Auge sonst nicht sichtbar wären (Fluoreszenzen, Konfokal, AI Bildverarbeitung). Zudem ermöglicht ZEISS Intraoperative Workflows, die chirurgische Eingriffe über die Visualisierung hinaus unterstützen.

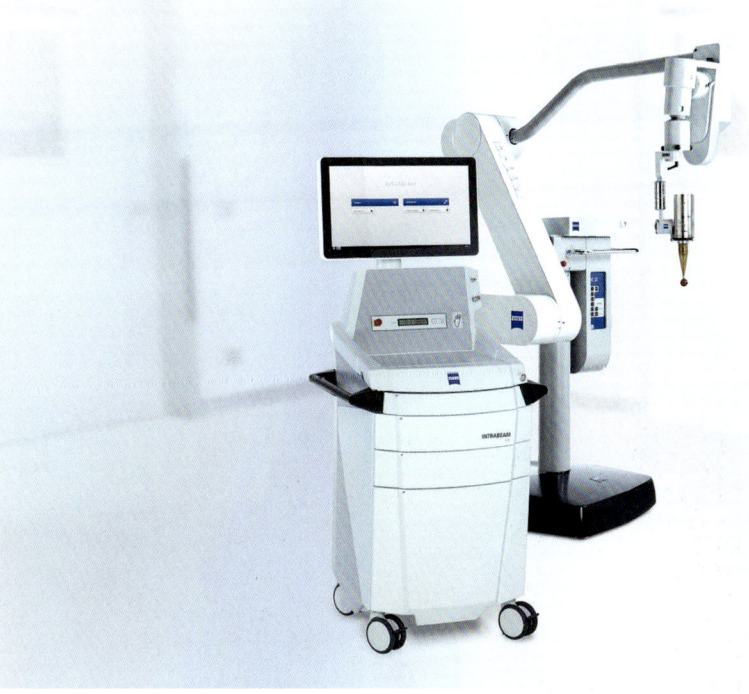

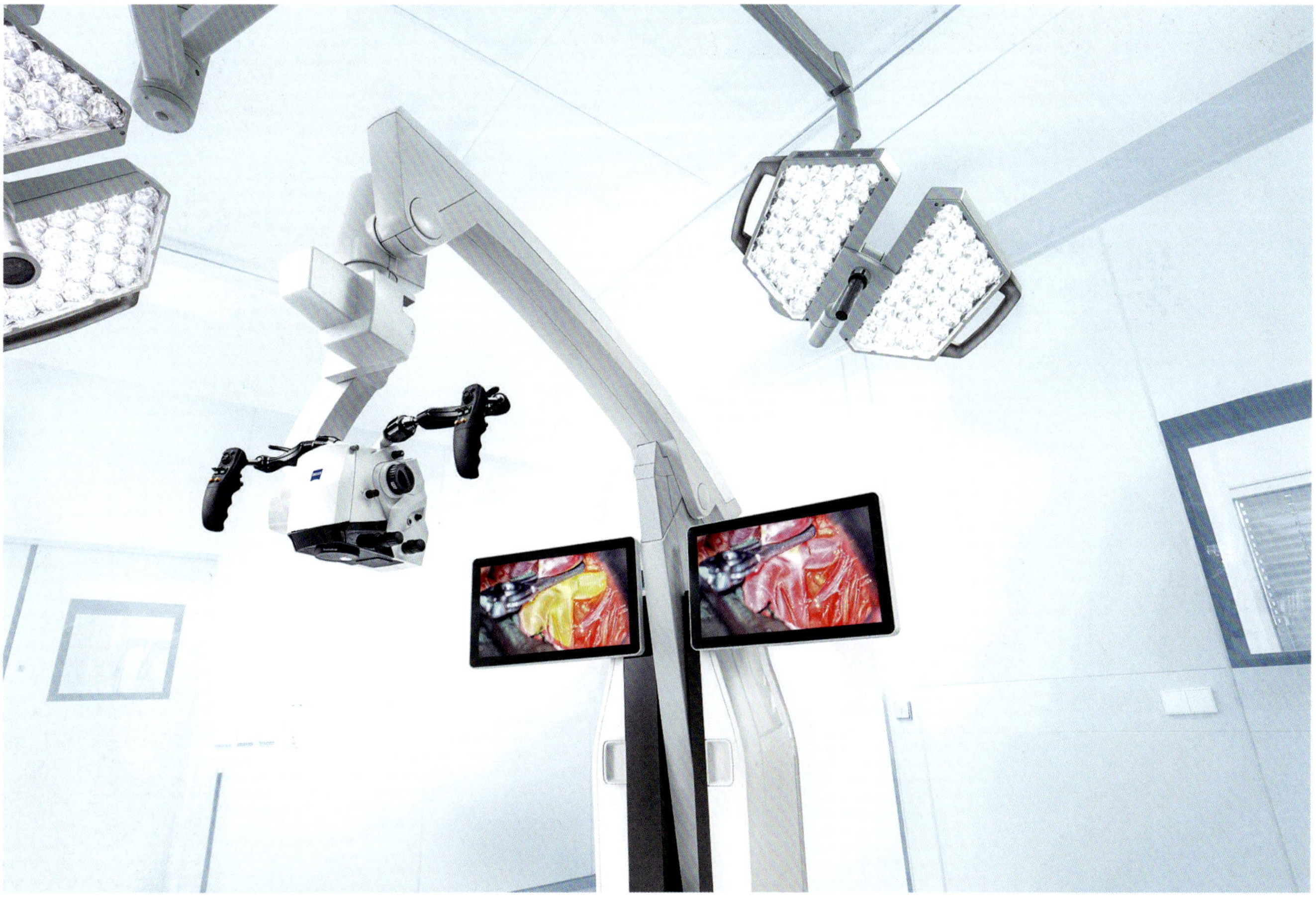

Ophthalmologie

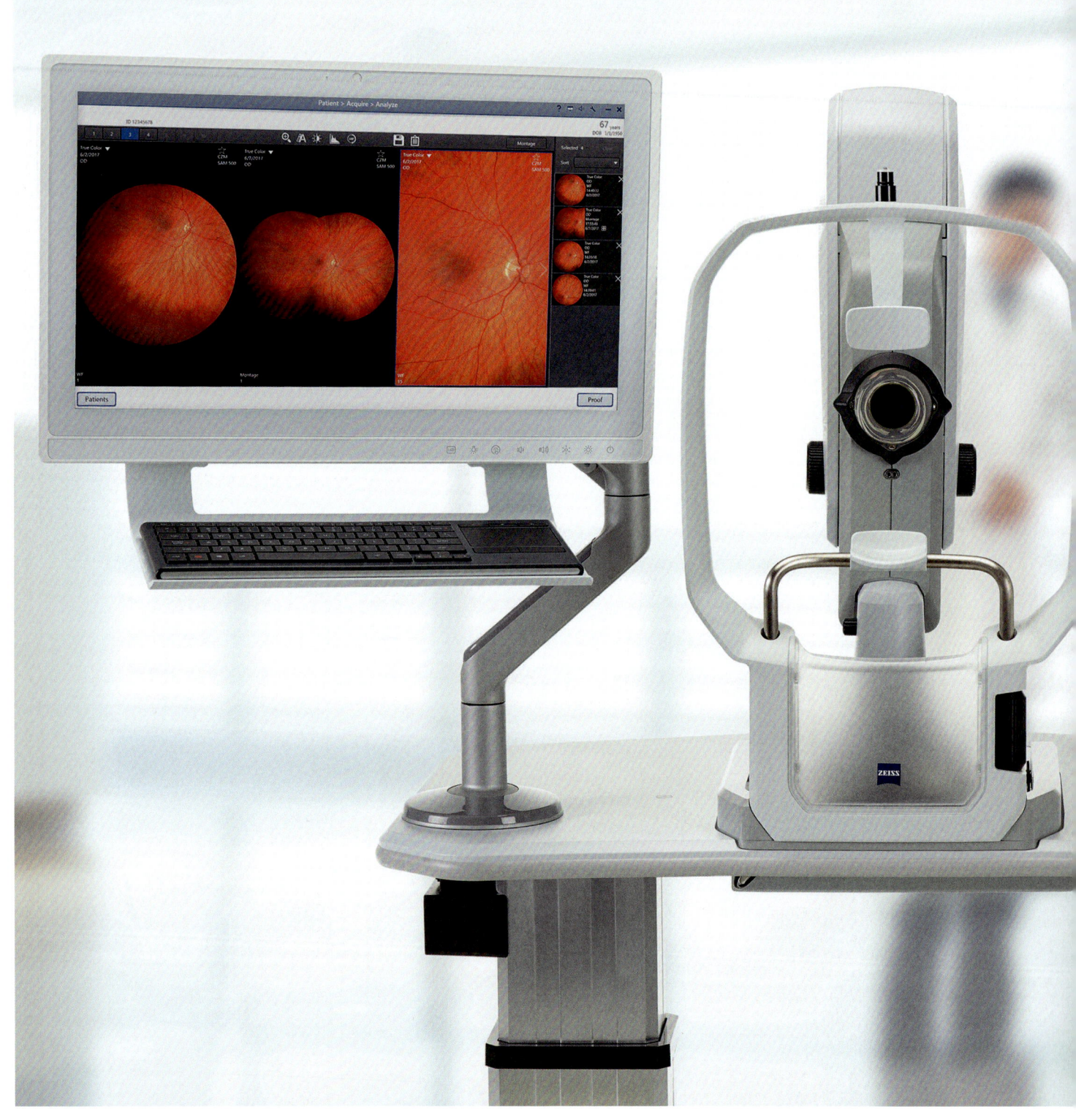

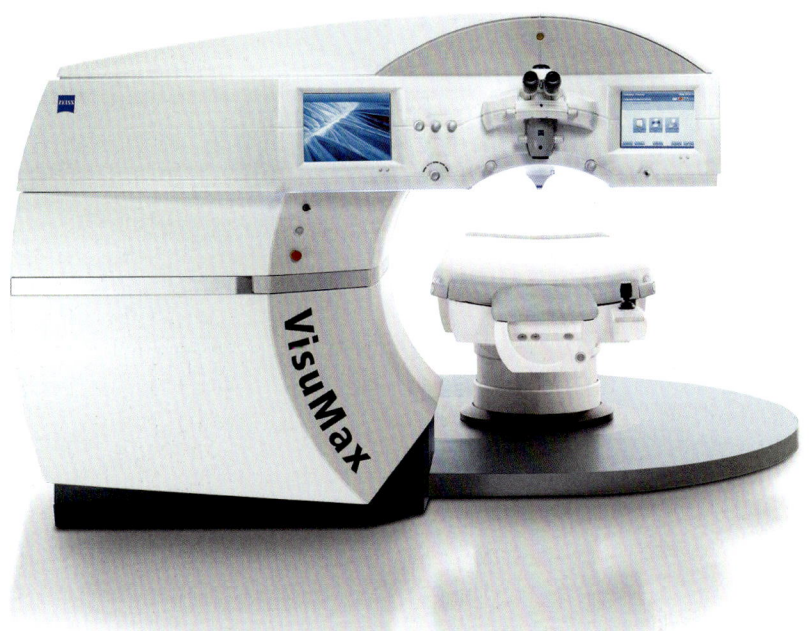

ZEISS unterstützt Ärzte und medizinisches Personal mit umfassenden Lösungen zur Diagnose und Behandlung von Augenkrankheiten. Das Unternehmen bietet Systeme und Verbrauchsmaterialien für Katarakt, Hornhautrefraktion, Glaukom und Netzhautanwendungen und fokussiert auf Systemvernetzung und Datenmanagementintegration für effiziente Workflows in Krankenhäusern und Arztpraxen. Produkte und Lösungen von ZEISS sind darauf ausgelegt, Ärzten und medizinischem Fachpersonal zu helfen, bestmögliche Behandlungsergebnisse zu erreichen und die Lebensqualität ihrer Patienten zu verbessern.

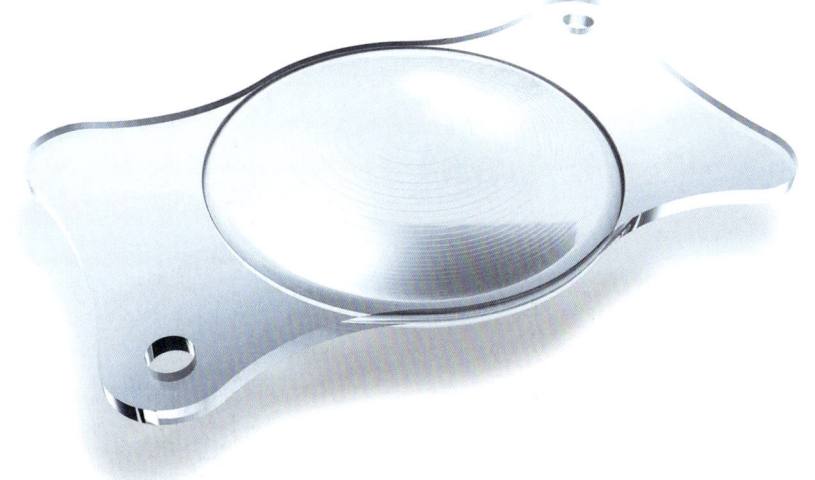

Planetarien

ZEISS bietet Komplettsysteme für moderne Planetarien an. Zu den Kernkompetenzen gehören digitale und analoge Planetariums-Projektoren, die Software für astronomische Visualisierungen und die Steuerung. In Zusammenarbeit mit professionellen Partnern werden auch Projektionskuppeln, Audio- und Lichtanlagen sowie zahlreiche weitere projektspezifische Ausstattungen realisiert.

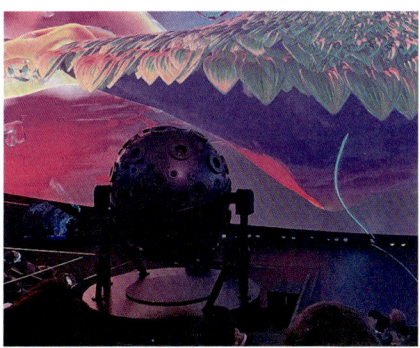

Photomaskensysteme

Bei der optischen Lithographie werden die Strukturen von Photomasken auf den Wafer übertragen. Die SMS (Semiconductor Mask Solutions) entwickelt Systeme, die Defekte auf der Photomaske analysieren und reparieren sowie spezifische Maskeneigenschaften vermessen und optimieren. Das Aufspüren und Korrigieren von möglichen Defekten auf der Maske ist wichtig, weil sich Fehler auf die Wafer übertragen und die Chips damit unbrauchbar würden. Eine fehlerfreie Belichtung spart viel Zeit und Geld.

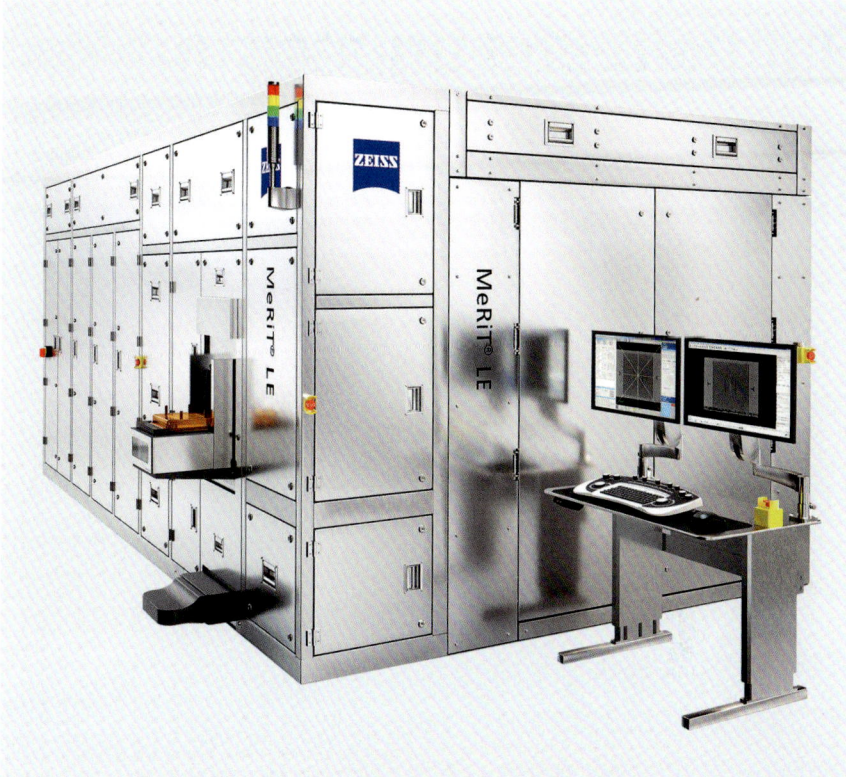

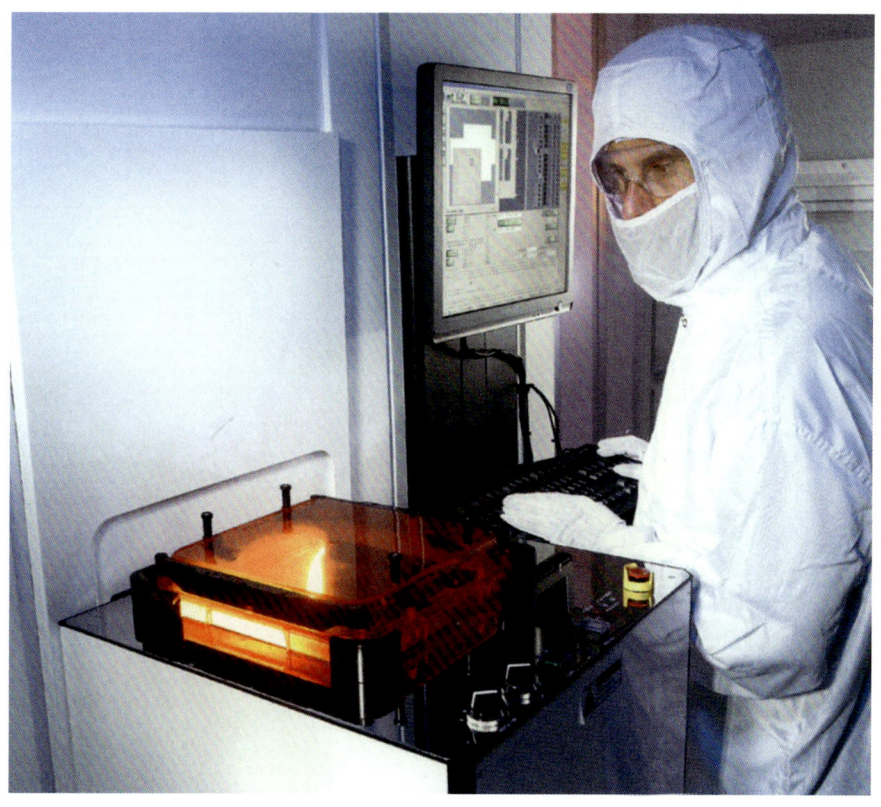

Halbleiterfertigungsoptiken (SMT)

Der Fortschritt der Computertechnologie beruht im Wesentlichen auf der Weiterentwicklung der optischen Lithographie: Dank der ZEISS Lithographie Optiken und der zugehörigen Beleuchtungssysteme können Chiphersteller weltweit ihre Wafer mit Nanometer-Präzision belichten. Mit jeder neuen Generation lassen sich noch feinere Strukturen auf den Mikrochips abbilden. Damit werden Schaltkreise kompakter und die Mikrochips jedes Jahr leistungsfähiger, energieeffizienter und kostengünstiger.

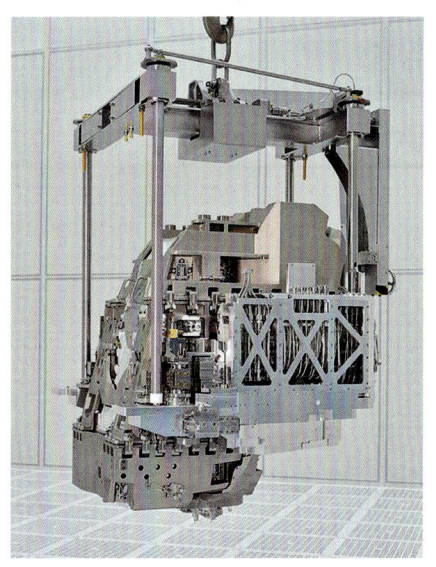

ZEISS Vision Care

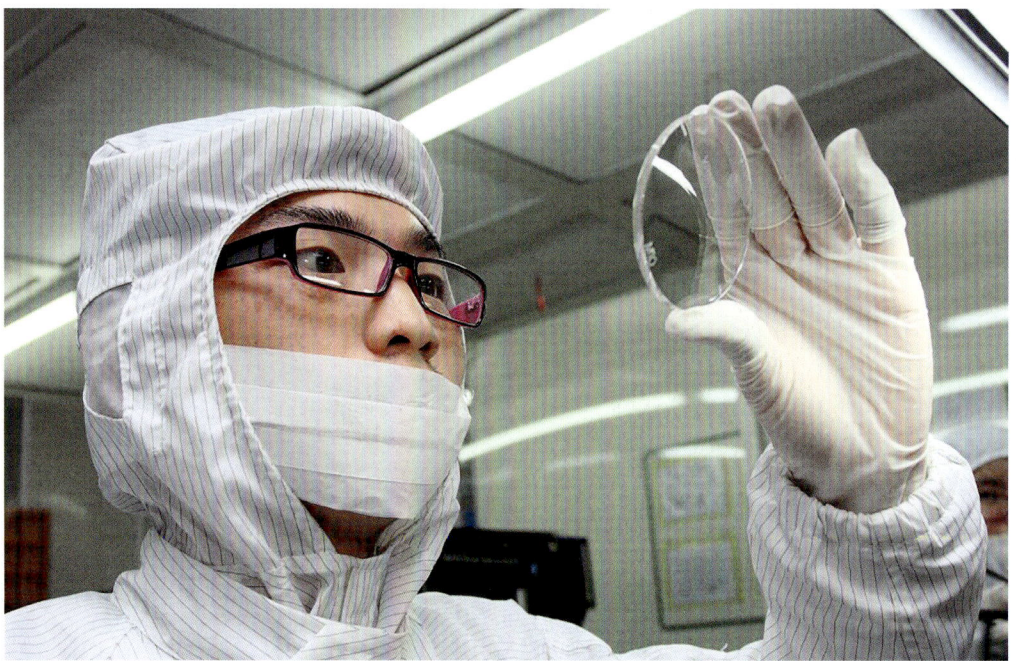

Millionen Menschen entscheiden sich jedes Jahr für ZEISS Brillengläser. Von Instrumenten und Apps zur präzisen Sehanalyse bis zum individualisierten Brillenglas bietet ZEISS die ganze Palette von augenmedizinischen und augenoptischen Produkten. Innovative Brillengläser sorgen für entspanntes und natürliches Sehen in allen Situationen und für alle Ansprüche.

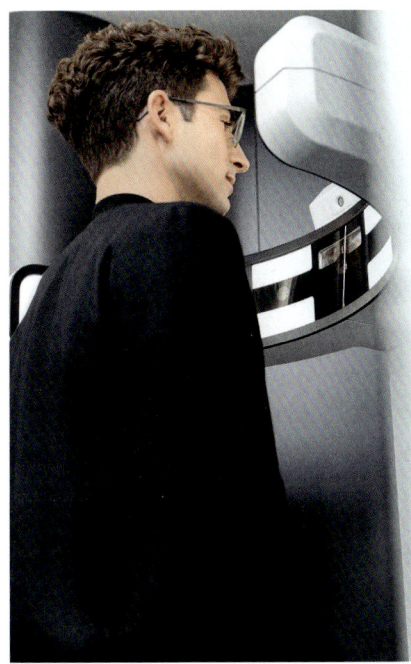

ZEISS weltweit

Lange waren Europa und Nordamerika die wichtigsten Absatzgebiete für Produkte von ZEISS. Heute verfolgt ZEISS eine globale Investitionsstrategie und eine Reihe von Projekten zur Erweiterung, Modernisierung und Neuausrichtung von Standorten in Deutschland, Europa, Amerika und Asien. In der Mitte des Jubiläumsjahres 2021 arbeiteten in 50 Ländern mehr als 34.000 Menschen an 100 Standorten für ZEISS. An 30 dieser Standorte wird produziert und an 27 wird geforscht und entwickelt.

Das ZEISS Archiv

Kontakt

Tel.: +49 3641 64 2759
E-Mail: history@zeiss.com

www.zeiss.de/archiv

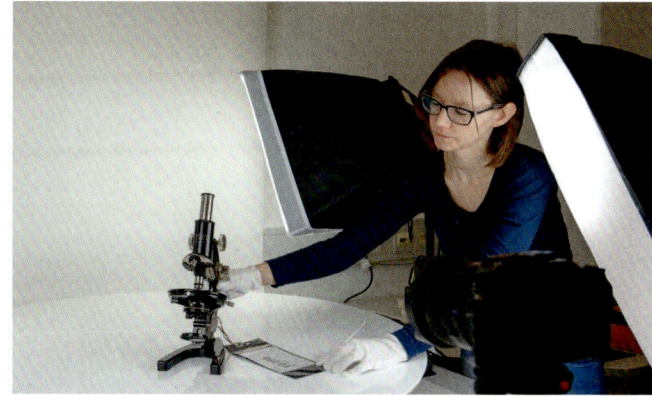

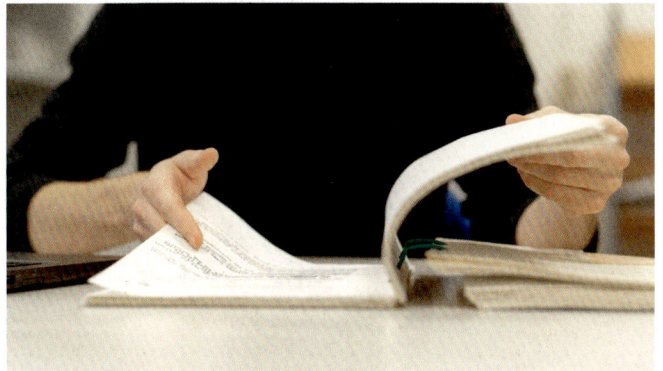

Eine der Spezialitäten von Anna Schroll sind Fotografien von Menschen in ihrer Arbeitsumgebung. Beim ZEISS Archiv hat sie vor allem die Arbeit im Magazin fasziniert, wo informative Materialien aus der gesamten Geschichte von ZEISS sicher verwahrt werden. Übereinander gestapelt wären es 4.000 Meter Papier. Dazu kommen etwa 200.000 Fotos, 150.000 Druckschriften, 4.000 Gegenstände und mehr als 1,5 Millionen Dateien. Und laufend werden es mehr. Auch Sie können uns gerne solche älteren Unterlagen übergeben, wenn Sie sie nicht mehr benötigen. Das Archiv macht seit 1948 diese Schätze Wissenschaftlern, Sammlern, Journalisten, Mitarbeitern und interessierten Menschen zugänglich. Stellen Sie uns gern Ihre Fragen!

Danksagung

Zu diesem Buch haben Marte Schwabe, Dominique Schmied und Marisa Holzer bei Bildauswahl und Texterstellung entscheidend beigetragen. Gudrun Vogel, Stephan Paetrow und Markus Otting haben die Texte lektoriert und viele Anregungen gegeben. Die Übertragung der Texte ins Englische übernahm Marina Stephanou. Für das Layout danke ich Markus Drapatz vom Sutton Verlag. Antje Beyer, ebenfalls vom Sutton Verlag, war der gute Geist des Projektes. Neben dem Lektorat hat sie unsere Zusammenarbeit organisiert.

Fotografen- und Grafikerregister

Oskar Trinkler: S. 7 links; Hoese (Maler): S. 8; Hans-Werner Kreidner: S. 10, 111 unten links; Anton Böhme: S. 24 + 25; Felix Schwarmstädt (Grafiker): S. 26; Richard Blank (Grafiker): S. 27 oben links; Arthur Hailey: S. 31 oben; László Moholy-Nagy: S. 36; Rudolf Müller: S. 45 unten; René Groebli: S. 76, 77, 99 oben rechts; Wolfgang G. Schröter: S. 78 + 79; Siegfried Kraft (Grafiker): S. 81 oben links; Hans-Joachim Spremberg: S. 94; Helmuth Wesemann: S. 96, 97 oben; Wolfgang Schönborn: S. 100 unten; Jürgen Kost: S. 105 oben; Gottfried Wonneberger: S. 105 unten links, 107 Mitte rechts; Peter Bundermann: S. 106 unten; Kurt Kalischke: S. 108, 109 unten links; Brigitte Kabelka: S. 109 oben rechts; Jan-Peter Kasper: S. 109 Mitte, 111 oben, 114, 115; Dieter Urban: S. 110; Jason O'Rear: S. 112/113; Anna Schroll: S. 142–143.

Bildnachweis

John van Yzerloo: S. 66 unten, 67; TRION Film GmbH, Berlin: S. 73 oben rechts; Bundesarchiv: S. 94 (Bild 183-G025-0031-001), 109 Mitte (Bild 183-1988-0323-410); Stadtarchiv Braunschweig: S. 96; BZV Medienhaus GmbH, Braunschweig: S. 97 oben; Jürgen Kost: S. 105 oben; Gertrud Schille: S. 107 oben links, 107 unten; Thüringer Wirtschaftsarchiv: S. 108, 109 unten links.

Eventuell nicht berücksichtigte Bildrechteinhaber wenden sich bitte an das ZEISS Archiv (history@zeiss.com).